사람이 풍경이다

정정연 鄭正然

인생길 가면서 가장 큰 선물은 같이 걸어줄 사람이 있다는 것입니다. 여행을 떠날 때마다 저는 그것을 깨닫곤 합니다. 무거운 배낭도 둘이 나누어지면 가벼워지고 낯선 길도 금방 익숙해졌습니다. 남편과 함께한 여정은 단순히 지도를 따라가는 것이 아니었습니다. 때로는 다투고, 우기고, 삐치고, 화해하고, 다시 나서기를 되풀이하는 기록이었습니다. 세상은 끝없는 풍경으로 가득 차 있습니다. 광활한 사막, 적도의 뜨거운 태양, 빙하, 하늘에 뜬 구름까지도 다 신비한 풍경이지만, 제 마음속에 가장 오래 남는 것은 사람이었습니다. 여러 나라를 걸으며 만난 삶의 모습은 숭고했습니다. 그들의 삶은 나에게 무엇인가를 말해 주었습니다. 남미의 파타고니아 거센 바람에 키 작고 연약한 야생화가 견디는 것을 보았습니다. 아프리카 건조한 사막에서도, 낯선 땅 깜깜한 벌판에서도 의지한 것은 서로의 온기였습니다.

- 창작수필로 등단(2011)
- 한국문인협회 회원
- 관악 문인협회 이사
- 창작수필 문인협회 회원
- 수수문학 회원
- 목연회 동인

jy54125@naver.com

사람이 풍경이다

정정연 수필집

해드림출판사

수필가의 말

인생길 가면서 가장 큰 선물은 같이 걸어줄 사람이 있다는 것입니다. 여행을 떠날 때마다 저는 그것을 깨닫곤 합니다. 무거운 배낭도 둘이 나누어지면 가벼워지고 낯선 길도 금방 익숙 해졌습니다. 남편과 함께한 여정은 단순히 지도를 따라가는 것이 아니었습니다. 때로는 다투고, 우기고, 삐치고, 화해하고, 다시 나서기를 되풀이하는 기록이었습니다.

세상은 끝없는 풍경으로 가득 차 있습니다. 광활한 사막, 적도의 뜨거운 태양, 빙하, 간헐천, 옥빛 바다. 하늘에 뜬 구름까지도 다 신비한 풍경이지만, 제 마음속에 가장 오래 남는 것은 사람이었습니다. 길 위에서 만난 얼굴들은 저마다 하나의 풍경이었습니다.

인도 사막 마을의 여인들, 흙먼지 속 아이들의 반짝이던 눈. 세상 아무것도 모를 것 같은 목동, 모래 위의 외발 이발사, 어둑한 새벽 아기를 업고 숯 팔러 나온 여인의 미소, 애완견과 함께 사는 노숙인, 여러 나라를 걸으며 만난 삶의 모습은 숭고했습니다. 그들의 삶은 나에게 무엇인가를 말해 주었습니다.

남미의 파타고니아 거센 바람에 키 작고 연약한 야생화가 견디는 것을 보았습니다. 아프리카 건조한 사막에서도, 낯선 땅 깜깜한 벌판에서도 의지한 것은 서로의 온기였습니다. 그것을 서툰 글로 엮었습니다.

수필 한 줄 속에 삶이 스며있는 줄 알면서도 글쓰기는 어려웠습니다. 아니, 소홀했음을 게을렀음을 고백합니다. 펜을 놓을까 하는 생각도 했습니다. 그러나 저를 여기까지 이끌어 주신 오기환 선생님이 계십니다. 책을 내기까지 많은 도움을 주셨습니다. 마음속 깊이 감사드립니다. 그리고 합평회 때 많은 조언을 해주신 목연회 문우들께도 감사드립니다.

여행할 때 아이 하나 더 데리고 다니는 것 같다고 하던 남편에게도 고마움을 전합니다. 언제나 응원해 주는 세 딸 가족 모두 사랑합니다.

2025년 늦가을

수필가 정 정 연

차례

2. 액자 속의 포장마차

3. 사람이 풍경이다

4. 여정의 저편

5. 지상의 낙원을 찾아서

6. 길은 있었다

1

문

문

길상사 꽃무릇을 보러 가려고 길을 나섰다. 한성대 역에서 친구를 만나 길상사까지 걸어서 가기로 했다. 날씨가 좋아서 걷기에 좋았다. 큰길에서 한적한 곳으로 걸어간다고 들어선 것이 길을 잘못 들었다. 뜻하지 않게 성북동 골목 산책을 하게 되었다. 낯선 곳을 좋아하기에 여행하는 기분으로 천천히 둘러보며 살피면서 걸었다. 아주 오래된 납작한 기와집이 있는 골목과 막다른 비탈길을 내려오며 보라색 주홍색 꽃이 피어있는 집들을 기웃거렸다.

허물어진 집터에는 잡초가 무성하고 까마중이 익어가고 있다. 고목이 있는 집은 사람이 살고 있는지 모를 만큼 적막이 흐른다. 성북동은 근사한 집만 있는 줄 알았는데 잘못 알고 있었다. 오래되고 소박한 옛날 집도 많았다. 그중에 눈에 띄는 대문이 있다. 기와집 나무 대문인데 번호키가 달려 있다. 두루마기에 갓을 쓰고 흰 고무신을 신은 사람이 핸드폰을 들고 있는 느낌이 들었다.

문이 굳게 닫혀있고 인기척도 없다. 문간방도 있는 것 같고 마당에는 우물터도 화단도 있을 것 같아 궁금했지만 들여다볼 수는 없다. 주인은 몇 번이나 바뀌었을까? 어떤 사람들이 살았을까! 옛날에는 대감 집이었는지도 모르지, 긴 담뱃대를 들고 헛기침하며 대문을 드나들었을 사람을 짐작해 본다.

우리는 날마다 문을 드나든다. 문을 열고 자신에게 속하는 영역으로 들어간다. 문이 외부로부터 나를 보호해 준다는 느낌이 들기도 하고 나만의 공간을 만들어 주기도 한다. 새로운 공간으로 이끌어 주는 기능도 한다. 큰 건물은 문을 몇 개 통과해야 목적지에 들어갈 수 있기 때문이다.

여행할 때 이탈리아 피렌체 산 조반니 세례당에는 천국의 문이 있었다. 조각가 로렌츠 기베르티가 이십칠 년 동안 제작했다는 이문은 미켈란젤로가 감탄하여 천국의 문이라고 해도 손색이 없겠다고 하여 천국의 문이 되었다고 한다. 모세의 십계명을 받는 모습, 구약 성서 등을 청동으로 섬세한 부조로 만들어진 황금색의 화려한 문이다. 장중한 문 앞에는 사람들이 고개를 하늘로 젖히고 보고 있었다. 누군들 천국의 문을 들어가고 싶지 않은 사람이 있겠는가! 나도 호기심과 함께 들어가고 싶다는 바람으로 바라다보았다. 지옥문으로는 들어가고 싶지 않은 마음으로 감탄하며 바라만 보았다.

그러나 무엇보다 중요한 것은 마음에 문을 여는 것이다. 마음에 문은 스스로 열어야 한다. 닫고 소통하지 않으면 상처받은 영혼에 병이 생겨 인생을 제대로 살피지 못한다. 치유받지 못하고 불안한 사람은 마음에 문을 꼭꼭 걸어 잠그고 산다.

골목을 걷다가 다시 큰길로 나오니 대문이 없는 현대식 건물만 있다. 어느새 길상사에 도착했다. 절에 들어서니 꽃무릇은 다 지고 대궁만 남았는데 보라색 투구꽃이 반긴다. 법정 스님이 좋아했다는 용담꽃, '당신이 힘들 때 나는 사랑한다'라는 시 같은 의미를 지닌 용담꽃이 주인 없는 뜰을 밝히고 있다.

다시 느린 발걸음으로 경내를 둘러보고 있는데 문이 꼭 닫혀있는 침묵의 방이 있다. 누군가 영혼의 문을 열고 혼자만의 공간에서 내면에 귀 기울이고 자신을 만나고 있을 것 같다. 나도 내 마음의 문을 열고 나를 만나야겠다. 가만가만 조용한 발걸음으로 봄이면 영춘화 피는 돌담 옆을 지나서 길상사를 나와 사대문 안으로 들어선다.

정동길을 걷는 이유

거리 공연이 자주 열리고 오래된 이야기가 말을 걸어오는 정동길을 수필 한 편 써서 들고 걷는다. 목연회 회원들을 만나서 수필 합평회 하러 가는 길이다. 몇 년 되었지만 제대로 된 글 한 편 쓰지 못해서 부끄럽다. 그러나 반가운 문우 선생님들을 만나니 가는 길이 즐겁다. 프란치스코 회관 산다미아노 카페에서 공부하다 요즈음은 더 조용해서 좋은 '정동그집'에서 한다. 문우 선생님들 한분 한분이 나에게는 스승이다. 수필 속에서 인생을 배우고 열정을 배우고 노년을 배운다.

계절이 갈마드는 정동길을 천천히 걸으며 계절을 느끼고 공연이 열리면 발을 멈추고 감상도 한다. 오늘은 평화의 음악회를 핸드폰에 담아 집으로 온다. 때로는 덕수궁 돌담길을 걸으며 왜 이 길을 걸으면 연인이 헤어진다고 했을까? 그

것은 길옆 언덕에 옛날에는 가정법원이 있었고 점 보는 집이 많아서 그런 말이 생겨났을 거란다. 오늘은 누군가 돌담 아래 연탄재에 장미 한 송이 꽂아놓았다. 뜨거울 때 꽃 핀다는 의미인 것 같다. 나를 나무라는 것 같다. 나는 여태 글 쓰는 것을 뜨겁게 열정적으로 하지 않고 게으름을 피우고 소홀히 했다.

어떤 날은 외국인이 기타 치며 노래하는 모습도 보고, 설치 미술도 보고, 무명 화가의 그림도 본다. 날씨가 쌀쌀 해지고 가을이 깊어지니 가로수에 누가 손뜨개로 떠서 옷을 입혔다. 누구의 따듯한 마음인지 궁금해지기도 한다. 천경자 그림과 고갱, 잭슨폴록 전시를 보았던 시립미술관을 오면서 다시 들러 보았다.

날씨가 화창한 날은 젊은 직장인들이 점심시간에 많이 나와 거리가 활기차서 더 좋다. 정동감리교회를 지나면 유관순 열사가 다닌 이화학당이 있고 낭창한 학생들이 재잘대는 예원학교도 있다. 빨간 벽돌 신아일보 별관이 세월의 무게를 문화재로 대신하고 정동극장을 지나 빨간 단풍잎 펄럭이는 캐나다 대사관 앞을 지나면 오타와에 있는 막내딸 유진이 생각이 나서 보고 싶어진다.

그 앞에는 오백 년이 더 된 회화나무가 있는데 캐나다 대사관을 지을 때 이 나무를 보존하기 위하여 건물 앞부분을 오목하게 설계하고 들여 지었다고 한다. 나무 한 그루를 아끼는 마음이 역사 속의 회화나무를 오늘도 만나게 해주어서 감사하다.

보구여관 터는 표지판만 남아 있는데 1887년 그 시대 우리나라 여성들은 남자 병원에 갈 수 없는 풍속이 있었다. 여성들이 병원을 제대로 가지 못하는 것을 안타깝게 여긴 선교사 스크랜턴의 요청에 따라 한옥을 개조해서 만들어진 최초 여성 전문 병원이다. 그래서 입원실도 온돌방이었다고 한다. 이곳은 박 에스터 등 우리나라 최초의 여의사와 간호사를 양성한 곳이기도 하다. 그 후 천구백십이년 흥인지문 옆의 볼드윈 진료소와 합쳐 해리스기념병원이 되었는데 이것이 지금의 이화여자대학교 의료원의 전신이다.

이화여고 앞에는 평화를 위한 작은 음악회가 자주 열리고 있다. 우크라이나 전쟁이 종식되기를 기원하는 음악회다. 그래서 러시아 대사관 근처 정동길에서 음악회를 연다고 한다. 잠시 발걸음을 멈추고 수많은 아까운 목숨을 앗아가고 파괴하는 전쟁이 하루빨리 끝나고 평화가 우크라이나에 오기를 기원해 본다. 오늘은 합평회 끝나고 덕수궁에 들러 현대미술관에서 전시를 보고 가야겠다.

어느새 목연회 선생님들과 점심 약속한 장수회관 문을 열고 들어선다. 나도 제대로 된 글 한 편 써보기를 바라며 정동길을 걷는 이유다.

온도 조절기

요즘 날씨는 종잡을 수 없이 변덕스럽다. 봄이 오는가 싶더니 눈이 내리고 봄을 건너뛰고 여름이 오나 했더니 바람 불고 도로 춥다. 지하철에서 어떤 아주머니는 오늘 옷을 세 번 갈아입었다고 한다. 백화점에서 옷 파는 분도 날씨가 미쳤다면서 하늘에 온도 조절기라도 있으면 좋겠다고 한다.

우리 집 거실벽에는 온도 조절기가 있어 실내가 너무 덥거나 춥지 않게 최적 온도를 유지해 준다. 그는 변덕스러운 날씨에도 흔들리지 않는다. 지난겨울 따듯했던 실내가 썰렁하여 온도 조절기를 보니 고장이 났다. 숨 막히게 더운 여름에도 묵묵히 일하더니 힘들었나 보다. 그 작은 기계는 거실 전기장판에도 침대 요에도 있다. 새삼 이 작은 장치가 우리의 생활에 중요한 역할을 한다는 것을 알게 되었다.

한겨울 딸기를 먹을 수 있고 초록 채소가 자라고 꽃이 피는 것도 온도 조절기의 역할이 큰 것이다. 모두 온도 조절기가 적당한 온도를 유지해 주어서 가능하다. 축산업을 하는데도 이를 이용해 최적의 환경을 유지해 주어야 가축의 건강을 유지할 수 있다. 소나 돼지는 더위에 약해 더우면 성장 속도가 늦어지고 젖소는 우유 생산량이 줄어든다. 닭도 더위를 먹으면 산란율이 낮아진다. 가축도 적절한 온도를 유지해 주어 편안하게 해주어야 생산성 향상, 번식력, 질병 예방에 도움이 된다고 하니 온도 조절기 역할은 중요하다. 자연도 다양한 방법으로 온도 조절을 해서 생태계를 유지한다. 물, 숲, 구름, 얼음과 눈, 지열, 해류의 순환 등은 자연 온도 조절기다.

어쩌면 우리의 삶도 온도 조절기와 같아야 하지 않을까? 너무 뜨거워 지지도 차가워지지도 않게 감정을 조절하며 살아야 할 것 같다. 때로는 사람 사이의 관계도 온도 조절이 필요하다. 누군가와 지나치게 가까워지면 숨이 막히고, 너무 멀어지면 쓸쓸해지고 고독해진다.

남편과 처음 알았을 때다. 내 또래의 사돈아가씨가 소개해 주었는데 그렇게 좋은 줄도 싫은 줄도 몰랐다. 그녀는 반응을 살피다가 어떠냐고 물었다. 그냥 그렇다고 했다. 미지근한 온도였나보다. 그녀는 처음부터 너무 좋으면 오래가지 못한다고 했다. 그래서 그런지 오 년을 만나다가 결혼했다. 사랑과 우정도 적절한 온도를 유지해야 오래 갈 수 있다. 누군가 덕수궁 돌담길에 연탄재에다가 장미꽃을 꽂아놓고 뜨거울 때 꽃핀다고 했는데 나의 온도는 늘 미지근해서 마음에 들지 않는다. 글쓰기와 신앙생활이 뜨겁지 못하다. 마음에 온도를 높여야겠다.

나는 온도 조절기의 작은 화면을 바라보며 생각한다. 지금 내 삶의 온도는 적절한가? 혹시 너무 뜨겁거나 차갑지는 않은가, 남편과의 사이, 딸들과의 사이, 형제간의 우애, 동서 간의 사이, 친구들과의 사이, 신앙생활 등, 인생의 사계절 속에서 우리는 언제나 조용히 자신의 온도를 조절할 줄 아는 지혜를 배워야 할 것 같다. 그러면 균형과 조화가 잘 이루어지지 않을까.

화덕

맑고 푸른 날 시골집에 왔다. 마당 가 모란은 지고 찔레 향기 스치는데 그리움이 마음 한구석을 두드린다. 친정집에는 철근으로 둥글게 테두리를 만들고 철판으로 바람막이한 화덕이 마당 한쪽에 있다. 할머니 계실 때부터 쓰던 것이다. 나는 화덕에 불 지피는 것을 좋아했다. 불 앞에 앉으면 냄새와 맛에 대한 기억이 되살아난다. 화덕 위에 솥을 올려놓고 불을 지펴 옥수수도 찌고 쑥도 산나물도 삶았다. 장작불에는 감자도 군밤도 구워 먹었다.

오늘은 아무도 없는 집에서 화덕에 불을 지핀다. 타닥타닥 불꽃이 춤을 추면서 따듯한 온기가 퍼진다. 집을 정리하고 버려야 할 것들을 화덕에 태운다. 어머니가 쓰시던 대바구니를 넣으려다 도로 옆으로 내놓는다. 헝겊으로 한땀 한땀 기운 곳에 어머니 손길이 느껴져서다. 장독 위에 놓고 대추도 말리고 쑥도 담고 호박고지며 가지도 말리던 바구니다. 어머니가 돌아가시고 나서는 그 바구니에 아무것도 담기지 않았다. 헛간에서 먼지만 뒤집어쓰고 쓸모없는 것이 되었다.

벽에 기대어 있던 어머니의 지팡이도 할 일을 다 한 것 같아 불꽃 속에 올려놓는다. 이내 연기와 함께 불꽃이 되어 하늘로 오른다. 또 한 번의 이별의식이다. 어머니가 지팡이를 처음으로 짚고, 서 계시던 모습이 떠오른다. 언젠가 집에 갔을 때 앓고 나서 지팡이를 짚고 마당에서 우리 자매들을 기다리고 계셨다. 딸들에게 아프셨다는 말을 하지 않았다. 딸들이 걱정할까 봐 내색하지 않으신 거다. 그런데 무심하게도 어디가 아프셨냐고 물어보지도 않았다. 이제야 어머니의 허허로운 마음을 조금이나마 헤아릴 수 있다.

그 후 지팡이는 어머니의 다리가 되었다. 읍내 병원에 갈 때나 다리 건너서 마을을 갈 때, 답답하시면 우리 논이 있는 큰 들을 지나 냇가 둑길에 갔을 것이다. 그리고 지난날 딸들이 올갱이도 잡고 옷을 입은 채 첨벙거리며 놀던 모습을 떠올렸을 것이다. 어머니는 무릎 관절이 자주 아팠다. 쪼그리고 앉아 밭을 매서 그런 것 같다. 그 후 노인 보행기를 사다 드린 뒤부터는 지팡이는 한구석에 있었다.

화덕 위에 솥에서는 물이 끓고 있다. 부모님이 계실 때는 오일장에 들러 소족과 사골을 사와 화덕에 고아서 냉동실에 넣어놓고 돌아오곤 했다. 그것이 어머니 아버지의 단백질 공급원이었다. 돌아보면 그때가 행복했다.

언니 동생도 다시 만날 수 없기에, 그리움으로 아프다. 딸 많은 집 귀한 아들로 태어나 사랑 많이 받고 자란 동생이 갑자기 세상을 떠났다. 나에게는 늘 어리고 귀한 남동생이었다. 잘 보살피지 못한 것이 후회로 남는다. '한 가지에 피었어도 지는 날이 다르다'라는 시 구절이 떠오른다. 화덕 불은 타닥타닥 지팡이를 태우고 언니의 낙서장도 동생의 빈 상자도 함께 타오른다. 마음속에 깊은 흔적을 남기고 눈물을 부른다. 더 많이 사랑하지 못한 것이 후회로 남는다.

화덕의 불은 이제 사그라진다. 남은 건 바람에 날리는 재뿐이다. 어머니의 손길 아버지의 위로, 언니의 맑은 모습, 키 크고 훤한 동생의 순하디순한 욕심 없는 성품, 그리움을 연기로 띄우며 재를 치운다. 모두가 좋아했던 감나무 밑에 따듯한 재를 내려놓는다.

고향 마을 골목을 걷다

아버지 기일이라 새벽에 세 자매가 길을 나섰다. 가다가 장터가 있는 읍내에서 선짓국과 순댓국으로 아침을 먹었다. 간단한 제사 준비를 해서 산소에 갔다. 풀과 칡넝쿨, 하얀 복분자 나무가 산소를 덮을 듯 기세등등하다. 낫으로 한참 깎았더니 산소가 세수한 듯 훤하다.

집에 돌아와 쉬고 세 자매가 다리 건너에 있는 고향 마을을 둘러보러 갔다. 우리 집은 백여 호가 넘는 마을 가운데 있었는데, 개울 건너 밭에 새집을 지어 이사 온 지 오래되었다. 울퉁불퉁 돌이 많던 좁은 골목길이 넓어지고 포장을 해서 깔끔한 길이 낯설다. 키다리 접시꽃에 끌려 골목으로 들어서서 걸으며 빈집, 허물어져 터만 남은 집, 담장을 기웃거리며 누구네 집이었는지 서로 기억해 냈다.

새로 지은 집은 대부분 외지에서 이사 온 사람 집이다. 옛

집은 고향 사람들 집인데 어른들은 돌아가시고 대부분 혼자 사는 가구가 많다. 빈집은 객지에 사는 자식들이 고향이 그립고 부모님이 그리우면 가끔 찾는 집이다. 어떤 집은 마당에 펌프가 녹슬어 그대로 있고 사립문을 타고 풀이 반쯤 올라갔다. 허물어진 집은 냉장고 방 백순네 집이다. 그 집은 딸들과 어머니만 살았는데, 나무가 귀해 불을 때지 못해 방이 언제나 냉골이었다. 그 뒷집은 명우네 집, 저 집은 할아버지 친구네 명옥이네 집이었어.

동네 끝 막내 할머니 집 옆에 있던 연못은 다 메꾸어져 흔적만 남았고, 단옷날이면 그네 매던, 높고 큰 느티나무는 그루터기만 남았다. 그 깊고 차던 우물은 평지가 되었다. 어릴 때 추억을 떠올리며 걷다가 마침 부모님이 살던 고향집을 찾아온 수동이네 두 형제를 만났다. 반가웠다. 마당 가 돌담 옆에는 보리수와 앵두가 빨갛게 익었다. 한 알 따서 입에 넣으니 새콤달콤하다. 좀 따가지고 가라고 한다.

이 집은 부모님 돌아가신 지 오래되었는데 쓰시던 물건들이 그대로 있다. 장독대, 헛간에 소 여물통, 코뚜레, 새끼줄, 박 바가지, 삼태기가 먼지를 쓰고 걸려 있다. 민속 박물관이 따로 없다. 멍석 위에 비스듬히 누워있는 사다리 사이에는 새가 집을 짓고 알을 낳아 새끼를 키워나갔다. 들고양이, 새가 주인이 되고 옛사람은 가고 빈집 속의 빈집이다. 자연으로 점점 돌아가고 있다. '고향 산천은 유구한데 인걸은 간데 없다'라고 잊지 못할 그 시절이 아련히 그리움으로 떠오른다.

객지에 나가신 아버지를 기다리던 동구 밖, 할아버지도 글을 가르치다 쉬는 시간이면 아버지가 오시는 그 길을 뒷짐 짚고 자꾸 바라보며 큰아들을 기다리셨다. 그 마음을 나도 나이 들어 보니 알 것 같다.

내가 어렸을 때 우리 집은 대가족이었다. 할머니 할아버지, 삼촌, 고모 둘, 우리 다섯 남매가 함께 살았다. 아버지는 객지로 떠나고 훈장이셨던 할아버지가 일 년에 한 번, 학동들로부터 받은 쌀로 살았다. 할아버지는 군내에서는 제일가는 석학이셨다. 논은 할머니가 살림날 때 받으신 것이 조금 있었다. 늘 쌀이 부족하여 보리밥을 많이 먹고 보릿고개에는 된장을 푼 냉이죽, 아욱 죽, 콩죽, 나물죽을 많이 먹었다. 그래도 맛있었다. 추억이 된 음식이지만 그때가 생각나면 아욱을 사러 채소가게로 간다.

할머니는 음식 솜씨가 좋아 잔칫집에 불려 다니셨다. 그때 떡을 조금씩 얻어다 주시면 맛있었고, 책거리라고 학동 집에서 어쩌다가 해 온 떡은 귀한 음식이었다. 할아버지는 우리 손녀딸들을 사랑하셔서 무릎에 앉히시고 칭찬을 많이 해주시고 할아버지 방에 함께 잘 때도 있었다.

우리가 좀 자라자 밤마실을 다니지 못하게 하셨다. 문 쪽으로 머리를 두고 주무시고 어쩌다가 조금 늦어 살금살금 들어오는 것을 아시고는 어디 다녀오느냐고 캐묻곤 하셨다. 어머니는 우리에게 옛날이야기를 잘해주시고 절대 아내가 있는 남자를 좋아하면 남의 앞을 막는 것이라고 딸들에게 훈육하셨다.

고향 마을 골목길을 세 자매가 걸으며 철없이 뛰어놀던 유년의 추억을 그리움으로 그려본다.

또 올게요

서아프리카 가나에서는 사람이 죽으면 장례식 때 경쾌한 음악과 함께 춤을 춘다고 한다. 편안하고 좋은 곳으로 안식을 떠났다고 애도하면서 기쁘게 보내려는 의식이란다. 삶이 힘든 곳일수록 장례식을 더 요란하게 한다고 한다. 슬퍼하는 우리와는 정반대다. 나도 어머니가 하늘나라 가신 것을 그렇게 생각하고 위로받아야 하나?

어머니의 유골함을 들고 충주 승화원 밖을 나오니 가루 같은 눈이 날렸다. 무거운 육신이 눈처럼 가벼워지는 데는 한 시간 남짓밖에 걸리지 않았다. 평생 내 곁에 계실 줄 알고 살았는데 내 생일날 이른 새벽 이승에서 저승으로 건너가셨다.

막내딸이 있는 캐나다와 미국 동부 중남미 여행을 한 달여 하고 돌아와 보니 어머니는 연풍 요양원에 가 계셨다. 동생들은 어머니가 병이 나셨는데 여행 중인 나에게 알리지 않았다. 요양원은 가정집 같았는데 읍내와는 거리가 있어 외로워 보이는 곳이었다. 가서 뵈니, 생각과 달리 위중해 보여서 다른 곳으로 옮길 엄두를 내지 못했다. 집에서 가까운 요양원은 자리가 없어 이곳도 동생이 열 군데도 더 알아보고 온 것이라고 했다. 여행을 길게 한 것이 후회되었다.

요양원을 둘째 딸과 세 번째 찾은 날, 큰딸도 오후에 외할머니를 뵈러 다녀왔다면서 전화가 왔다. "엄마가 외할머니를 그곳에 모셔다 놓았냐."고 묻는다. 난 그 말이 엄마도 그런 곳에 모셔다 놓으면 좋으냐는 소리로 들렸다.

딸이 가서 보니 할머니가 물을 자주 찾는데 물을 제대로 챙겨 주지 않는다고 생각한 모양이다. 어머니를 서울로 모셔 오기로 마음먹고 요양원을 여기저기 알아보고 환자에게 잘 한다는 요양원에 계약금을 걸었다. 그래도 두 시간 걸리는 서울을 승용차로 모시고 오실 수 있을는지 차는 막히지 않을는지, 특히 서울 공기를 마시면 멀미를 하는 어머니가 적응하실는지 고민하면서 하루하루 지났다, 어머니는 자식들에게 부담을 주지 않으려 하셨는지 모시러 가기 하루 전날 먼 길을 가셨다. 돌아가실 때까지 자식들 생각하신 것 같아 가슴 아프다. 요양원에 한 달 반 계실 때 옆에 있지 못해서 불효한 것 같아 마음이 무겁다. 얼마나 외롭고 무섭고 힘들었을까 어머니를 집에서 가까운 서울에 있는 요양원으로 모셔와 좀 더 자주 찾아보려고 했는데 그렇게 하지 못했다.

아버지 옆에 모시며 어머니의 질곡의 세월도 함께 묻었다. 삼우제 날, 겨울인데도 날씨가 따듯해서 땅이 얼지 않았다. 산소 옆 가시나무 덩굴에 살던 새 한 마리가 떠나지 못하고 이리저리 옮겨 앉는다.

어머니가 친정집에 계시지 않는다는 것이 아직은 실감 나지 않지만 해주시던 반찬을 만들 때나 전화벨 소리가 날 때도 참기름, 들기름병을 볼 때도 문득문득 그립다. 오늘은 시장을 지나다가 노인들이 즐겨 입는 스웨터, 조끼, 일바지를 보니 이제는 모두 나에게 관심 없는 옷이 되었다는 것이 마음을 적신다. 자주 찾아뵙지 못하고 더 잘해 드리지 못한 것이 마음 아프다.

친정에 가면 밥 먹고 가라, 춥지 않니? 이불 당겨 덮어 주시든 어머니, 가는 것이 싫어서인지 딸들은 왜 시집을 보내야 하는지 하시며 외로워하시던 모습이 선하다.

집으로 올 때면 거실 창에서 내다보며 '어서 가거라' 손짓하시면 나는 '또 올게요' 하면서 어머니를 조금은 안심시키려고 기약 없는 약속을 하곤 했다. 이제는 '또 올게요'라는 말을 할 사람이 없다.

내가 문안 전화를 해야 하는데 어머니는 매일 전화해서 "애들은 잘 있니? 네 목소리가 듣고 싶어서 했어." 같은 말을 하곤 뚝 끊긴다. 그러더니 어느 날부터 전화가 뜸해졌다. 이제는 그 목소리도 들을 수 없으니 슬프다. 세월은 어머니를 앗아가서 밉다. 여름이 오면 올해도 마당 가에는 어김없이 맨드라미, 봉숭아 피어나고 고들빼기, 돌나물도 돋아나겠지. 빈 둥지에 어머니가 가꾸듯 꽃을 가꾸어야겠다. 그리고는 어머니를 초대해야겠다.

올갱이 국

차창 밖에 대지는 눈부신 봄 햇살을 온몸으로 받아 생명을 밀어 올리고 있다. 온 들녘이 따듯한 봄기운으로 가득하다. 겨우내 부모님을 찾아뵙지 못해 동생을 만나 함께 시골 가는 길이다. 겨울에는 눈이 와서 길이 미끄럽다는 핑계로, 설에는 여행을 간다고 차일피일 미루다가 계절이 갔다. 오랜만에 부모님을 뵈러 가니 죄송한 마음이다. 그래도 동생하고 같이 정답게 이야기하며 가는 길이 즐겁다. 가다가 읍내 슈퍼에서 어머님이 들고 다니기 무거운 것을 사고 토종닭도 한 마리 샀다.

마을 어귀에 들어서니 언제나 그렇듯 마을을 둘러싼 산자락이 푸근하다. 어린 시절 다니던 초등학교, 마을 사람들에게 쉼터를 만들어 주는 느티나무 한 그루 모든 것이 반갑고 정겹다. 집에 도착하니 어머니께서 점심을 해 놓으셨는데,

뜻밖에도 올갱이국을 끓여 놓으셨다. 아직은 손과 발이 시려 냇물에서 올갱이를 건질 수 없는 날씨이다.

어머니는 올갱이국과 홍두깨로 밀어서 손칼국수를 아주 맛있고 구수하게 잘하신다. 된장 국물이 설설 끓을 때 올갱이를 살짝 삶아 속살을 빼 밀가루와 계란을 씌우고 그 국물에 고추장을 풀고 아욱과 부추 등 채소를 넣어 끓이면 시원한 올갱이국이 된다.

지난가을에도 부모님을 뵌지 여러 날 되는 것 같아 시골에 갔다. 하룻밤을 묵고 집으로 오려는 날이다. 어머니는 올갱이국이 잡수시고 싶었나 보다. 개울가를 두 번이나 가셨다가 도로 오셨다고 한다. 가을로 접어들자 여름내 물가를 찾던 사람들도 이젠 보이지 않고 그동안 비도 몇 번 왔으니 냇물에는 분명 올갱이가 있을 거로 생각했지만, 팔순이 넘으신 어머니는 물만 바라보고 도로 오셨다고 한다. 그 말씀을 듣고 그냥 집으로 올 수가 없었다. 막차를 탈 요량으로 바구니를 들고 들판을 가로질러 어머니가 바라보았던 냇가로 갔다.

냇물은 비취색 가을 하늘을 담고 있었다. 물에 발을 담그고 가만히 들여다보니 물밑의 돌들이 하나하나 또렷이 보였다. 물은 차지만 올갱이를 줍기에 더없이 좋은 날씨다. 돌을 하나 들추었다. 물의 일렁임이 가라앉자 올갱이가 몇 마리 보였다. 바구니에 주워 담았다. 허리를 펴고 주위를 살펴보니 아무도 없다. 고요하다. 가끔 소슬바람이 불어와 갈대만이

와스스 가을 이야기를 한다.

이 냇물은 남한강 지류로서 유년 시절에도 친구들과 멱도 감고 올갱이를 줍던 곳이다. 비 온 뒤 어레미를 가지고 풀숲을 훑으면 징계미, 새우, 붕어, 개구리까지 파닥거리며 나오던 곳이다. 그 많던 징계미는 어디로 갔을까? 앞다리와 수염이 길고 꽁지 쪽으로 도망치던 너, 물이 오염되어서인지, 마구 잡아서인지 알 수가 없다. 맑은 물속에서 너를 다시 보고 싶다.

올갱이를 하나둘 건졌다 한참을 잡다 보니 손이 곱고 옷까지 젖어서 추웠다, 제법 국을 끓여 먹을 만큼은 되었다. 어머니를 생각하니, 마음이 흐뭇했다. 집으로 돌아와 수돗가 옆 그릇에 올갱이를 담가놓고 그날 막차로 서울에 돌아왔다.

동생과 같이 먹는 올갱이국, 알고 보니 지난가을 어머니 드시라고 건져온 그 올갱이었다. 그걸 드시지 않고, 내가 집에 오면 같이 끓여 먹으려고 국물은 페트병에 얼리고 올갱이도 냉동실에 아껴두었던 것이란다. 순간 가슴이 뭉클하고 목이 메었다. 날씨가 더 따듯해지면 오라고 하시더니 얼마나 기다렸을까! 어머니는 이런 마음인데 나는 올갱이를 건져다 드린 것이 효도한 것인 양 계절이 바뀌어서야 갔으니…… 그래도 어머니는 작은 일에도 '넌 효녀야' 하고 자주 말씀하셨다. 원래 효자란 부모님이 만든다고 하지 않는가!

점심을 먹고 텃밭에 옥수수를 심고 들로 나갔다. 유난히 춥던 겨울을 이겨내고 쑥과 민들레, 꽃다지가 봄 인사를 했다. 밭에는 벌써 브로콜리, 케일 모종을 심어놓았다. 예전 작물이 아니다. 청보리밭 밀밭은 없다. 이맘때면 보리밭 위를 하늘 높이 비상하던 종달새의 노랫소리를 들을 수 없다. 여름이면 논에서 울던 뜸부기, 개구리 울음소리도 사라졌다. 어디로 갔을까? 그동안 잊고 있었던 잃어버린 것들을 다시 찾고 싶다.

오늘 밤은 오랜만에 어머니 곁에 자면서 내 어릴 때 올갱이와 징게미를 검정 고무신에 잡았던 그 시절을 기억하며 추억속에 빠져 봐야겠다.

엄마의 치마

어젯밤 세찬 바람이 불더니 새벽부터 비가 내린다. 태풍이 지나가고 있다. 날씨가 덥고 습해서 몸도 마음도 눅눅하다. 외출해야 하는데 비 오는 날은 바지보다는 원피스나 치마가 젖지 않고 제격이다.

오늘은 언제인가 친정에 가서 어머니 옷을 정리하다가 버리기는 아까워 가져다 놓은 엄마 치마를 입어 보아야겠다. 치마는 넓은 주름에 시원한 천연 소재의 옷이다. 짙은 하늘색 바탕에 황갈색 큰 꽃무늬와 잔잔한 흰 잎사귀 무늬로 색깔이 산뜻해 윗옷은 흰색을 입으면 어울릴 것 같다.

어머니 치마를 입고 우산을 쓰고 지하철역을 향해 걸으니 까맣게 잊고 있었던 기억들이 되살아난다. 엄마 치맛자락을 잡고 외가에 갈 때 양산맥이 고개를 넘던 날, 서낭당을 지나 아치실 마을 어느 할머니 집에서 언 손을 녹이고 외갓집을 가던 날도 어슴푸레하게 생각난다. 외갓집은 차를 타면 갈아타고 돌아서 가야 하지만 지름길로 걸어서도 갈 수 있었다.

서울에 상경해서는 좁은 방에서 자매들이랑 한 이불 덮고 잠자고, 가난했지만 꿈이 있던 시절이 있었다, 이 치마는 그때 동생이 명동에 있는 양장점에서 일할 때 만들어 드린 것이다. 일을 끝내고 쉬는 날도 나가서 한 땀 한 땀 꿰매어 만들어 드린 동생을 생각하니 기특하고 마음이 짠하다. 그때 동생은 양장점에서 일하고 밤늦은 시간 퇴근해 밥을 먹고 바로 자야 했다. 그때 위장병이 생겼는지 늘 소화가 되지 않아 고생했다. 이리저리 이사도 많이 다니고 어려운 시간이었지만 지나고 보니 행복한 시간이기도 했다.

그 무렵 벽돌색 코트도 같이 만들어 드렸는데 유행을 타지 않는 디자인으로 40년이나 지났지만, 색깔도 바래지 않고 지금도 유행에 뒤지지 않는다. 옷을 만들어다 드리고 얼마 지나지 않아 어머니와 아버지는 시골로 내려가셨다. 입을 일이 많지 않았는지 아니면 아끼셨는지 몇 번 입지 않은 채 새것 같다.

그러나 이제 세월은 쏜살같이 흘러 어머니가 이 치마를 입었던 그 나이 때보다 나도 동생도 더 나이를 먹었다. 그때는 그렇게 많다고 생각했던 어머니의 나이다. 치마가 허리가 커서 내가 둘이나 들어갈 것 같았는데 지금은 나에게 딱 맞다. 어쩔 수 없는 어머니의 딸이다. 체형도 닮아 가니 말이다.

세월은 흘러 아버지도 돌아가시고 어머니는 올해 92세나 되어 바깥출입을 못 하시니 이 치마를 다시 입을 일이 없다. 그래서 내가 입기로 했다. 켜켜이 쌓인 세월이 안타깝고 허망하다.

색깔에 민감하신 분이 흘끔 보더니 치마가 예쁘다고 하신다. 순간 부드러운 어머니의 온기가 느껴지고. 아프신 어머니가 떠오른다. 어머니는 자식들 집 전화번호만은 잊지 않고 전화를 해서 '애들은 잘 있니? 네 목소리가 듣고 싶어서 했어.' 오늘도 똑같은 말씀만 하고 끊는다. 보고 싶은데 미안해서 오라고는 못 하고…….

그래도 높으신 연세에 전화할 정신이 있으니 얼마나 다행인가! 이제는 전화가 며칠 안 오면 번호를 잊으신 건 아닌가 하는 걱정에 마음이 편하지 않다.

지난번 갔을 때는 우리 집은 외딴곳이라 사람 구경하기가 힘들어하며 외로워하시던 어머니가 떠오른다. 애들 동화책을 읽으시고 요양 보호사를 자원봉사자라 하시며 늘 복 받겠다고 하신다. 아버지에 대한 기억도 동네 사람들에 대한 기억도 좋은 것만 하시니 다행이다. 그 연세에 화장실 혼자 다니시고 그만그만하신 게 얼마나 감사한 일인가.

오늘은 엄마의 치마를 입고 빙그르르 돌아본다.

갯머위 필 때

서울과 경기도에 사는 고향 친구 모임이 있다. 올해 고희를 맞이하는 친구가 대부분이다. 누군가 기념으로 여행을 가자고 한다. 모두 찬성이다. 울릉도로 가기로 했다. 강릉에서 쾌속선을 타고 가는 여행사와 계약을 했다. 잠실에서 만나 출발하기로 하고, 짐을 싸놓고 최후 연락 오기만 기다리고 있는데, 동해에 너울성 파도가 높아 배가 출항하지 못한다고 기별이 왔다. 여행이 미루어졌고, 그날도 날씨가 좋을지는 아무도 모른다. 신의 영역이니 가고 싶다고 가는 것이 아니다.

새벽 네 시에 잠실에서 강릉으로 출발해야 하기에 일찍 모여 밤을 새우다시피 하고 출발했다. 바다는 약간의 파도가 있었지만 세 시간 남짓 동해 물살을 가르고 무사히 저동항에 발을 내려놓았다. 숙소가 있는 도동항으로 이동하여 가방을 숙소에 내려놓고 선착장 있는 곳으로 나왔다. 만남의 광장이었다. 울릉도 여행은 여기서부터 시작이라는 것을 알 수 있었다. 주변 풍광이 수려하다. 도동항에서 해안가 산책길에 나섰다. 바다는 숨을 고르고 있다. 푸른 바다와 절벽 위의 노란 갯머위가 어서 오라고 반긴다. 연보라색 해국도 바위틈에서 얼굴을 내밀어 절경이 더 아름답다. 모진 바람, 기후의 악조건을 이기고 바위틈에 핀 야생화라 대견스럽고 사랑스러웠다. 생각지도 못한 울릉도 여행의 덤이었다.

도동 부두로 다시 돌아오는데 오징어 말리는 덕장이 있다. 오징어 다리를 떼어 놓는 어부의 손길이 섬세해 보인다. 나는 아저씨에게 절벽 위의 노란 꽃이 무슨 꽃이냐고 물었다. 털머위라고 하고 갯머위라고도 한단다. 잎이 꼭 머위를 닮아서 붙여진 이름 같다. 그분은 저 털머위꽃이 필 때면 오징어가 제일 많이 잡힐 때인데 오징어가 귀하다고 한다. 지난해에는 거의 잡히지 않았다면서 예전에는 오징어가 많이 잡혀서 비가 오면 말릴 수가 없어서 바다에 버렸다고 한다. 지금은 오징어가 잡히지 않는 것은 환경의 변화, 해류의 변화 등도 있지만 중국 어선의 불법 조업 때문이란다. 오징어가 동해로 내려오는 길목에서 싹 쓸어가니 오징어가 귀해졌단다.

이튿날 오전, 독도에 가기 위해 선착장으로 나왔다. 배에 오르니 파도가 있다고 멀미약을 먹으라고 방송한다. 한참 파도를 타고 달리니 독도가 보였다. 모두 '독도다!' 하고 감격스러운 목소리로 외쳤다. 일본이 빼앗으려 하고 우리는 지키려는, 뉴스에서 많이 본 독도다. 눈물이 났다. 손에 든 태극기를 흔들었다. 배는 속력을 줄이고 천천히 독도 가까이 갔다. 파도 때문에 배가 접안을 할 수 없다고 곧 안내 방송이 나왔다, 바람 부는 반대쪽에 배가 멈추더니 모두 선실 밖으로 나와 독도를 보란다. 모두 갑판 위로 나와 태극기를 흔든다.

바람이 많이 분다. 배는 천천히 한 바퀴 돌며 독도를 보여주었다. 나도 태극기를 들고 기념사진을 찍었다, 독도에 발을 디디지 못했지만 가까이서 바라볼 수 있는 것만도 행운이다. 남편은 독도 가는 배를 탔다가 도로 내렸다고 하고, 어떤 사람은 울릉도를 몇 번을 와도 바람 때문에 독도를 와보지 못했다고 하지 않는가! 돌아오는 길, 파도가 높아 모두 뱃멀미를 할 것 같다는 안내 방송이다. 매점에서 멀미약을 팔고 있으니 멀미에 대비하란다. 약을 먹었지만, 정도 차이는 있지만, 모두 뱃멀미를 했다. 그러나 독도를 다녀온 것은 얼마나 감사한 일인가!

밤이 되자 누군가 나가서 오징어회를 사 왔다. 육지에서 먹는 것보다 맛있다고 젓가락이 바쁘다. 음식도 맛있었다. 육지에서 먹어보지 못한 따개비 칼국수, 오징어 내장탕은 처음 먹어본 음식이라 더 호기심이 갔다. 다음날은 버스를 타고 울릉도 해변을 돌고 수량이 풍부하고 숲이 우거진 봉래폭포에 갔다. 섬 안에 물이 많은 폭포가 신기하다. 울릉도 호박엿 공장도 들르고, 우리들의 울릉도 칠순 여행은 아름답고 추억에 남을 여행이었다.

바다에 비행장을 만들고 있다. 비행장이 완공되고 털머위꽃이 절벽에 필 때 오징어 떼가 울릉도로 몰려오면 다시 오리라.

고운 빛은 어디에서

내가 다니는 난곡동 성당은 우리 집에서 이십 분 정도 걸어서 가면 있다. 일주일에 두세 번 성당에 간다. 주일 미사와 기도 모임이 있는 날이나 신부님 특강을 들으러 가기도 한다. 성당 후문 약간 언덕진 곳에 다세대 주택이 있다.

누군가 그 다세대 주택 지하 방 자투리땅에 작은 꽃밭을 만들었다. 겨울이면 갈대를 덮어 놓은 꽃밭 위에 눈이 내렸다. 봄이면 새싹들이 삐죽삐죽 힘차게 올라와 예쁜 꽃을 피우기 시작한다. 이 꽃이 지면 저 꽃이 피고 쉼 없이 핀다. 동네 화원에서는 잘 볼 수 없는 귀한 꽃들이 많다. 그 고운 꽃은 어디서 왔는지 모르겠다. 꽃들과 눈인사도 하고 처음 보는 고운 빛의 꽃은 스마트폰에 담기도 했다. 요즘은 자주색 백합이 피고 지더니 흰 백합 한 무더기가 피어 향기가 따라왔다.

어느 날부터인가 꽃을 가꾸는 이가 궁금해졌다. 지하방에 사는 할머니가 외로움을 달래기 위해 꽃을 가꾸는 것일까? 성당에 다니는 분이 사랑을 실천하는 것일까! 혼자 상상을 하며 꽃을 보며 지나다녔다. 그런데 몇 주 전부터 작은 꽃밭에 "꽃을 가져간 사람은 같다 놓으세요. 가져다 놓지 않으면 감시카메라를 분석해 조치하겠습니다" 하고 써 놓았다. 매일 이곳을 지나다닌다는 한 아주머니도 꽃이 자주 없어진다고 한다. 여러 사람이 보라고 길옆에 가꾸는 꽃을 예쁘다고 탐나서 가져간다는 건 너무 한 것 같다.

주일이라 미사 참례를 하기 위하여 부지런히 걸었다. 꽃밭을 지나려 하는데 뜻밖에도 다리가 길고 머리가 긴, 키 큰 아가씨가 나팔꽃을 발에 올리고 있었다. '아 꽃을 키우는 분이시군요. 어디에서 이렇게 예쁜 꽃을 구해 오세요?' 하고 말을 걸었다. 꽃이 자주 없어지네요. 했더니 딸기도 따 먹었어요, 한다. 딸기가 비 맞아서 없어 진줄 알았는데…… 그제야 아가씨 얼굴을 보고 눈을 마주쳤다. 그리고 마음이 예쁘네요, 하고 칭찬해 주었다.

꽃을 길옆에 정성 들여 키우는 사람은 독일에서 온 아가씨였다. 내 얼굴이 화끈 달아올랐다. 그는 우리를 위로하려고 창밖에 꽃을 기르는지, 외로운 마음을 위로받으려고 꽃을 기르는지 알 수 없지만, 그 꽃을 가져가다니 미안한 마음이 들었다. 우리나라 말을 제법 잘한다. 무슨 연유로 우리나라 여기까지 와서 살고 있는지 모르지만, 물어보는 것은 실례라는 생각이 들었다. 분명한 것은 생활이 넉넉한 사람은 아닌 것 같지만 꽃과 사람을 사랑하는 사람임은 틀림없다. 문득 공부하는 학생인지도 모른다는 생각이 들었다.

셋째 딸 유진이 생각이 났다. 유진이도 캐나다에서 공부할 때 지하방에 살면서 화분에 화초를 길렀다. 외로움을 달래기 위해서였다. 지금은 집을 사서 사는데 뒤뜰에 꽃이 많다. 전 주인이 심은 것인데 동양 사람들이 좋아하는 꽃이라고 한다.

꽃을 기르는 것은 소소한 기쁨을 주고 행복감을 느끼게 한다. 우울증에 도움을 주고 상처받은 이에게 위로도 준다. 정원을 가꾸는데도 꽃을 빼놓을 수 없다. 문학이나 예술을 하는 사람에게는 영감을 주기도 한다. 꽃은 언제 어디에서 우리에게 왔는지 모르지만, 꽃을 싫어하는 사람은 없다.

오늘은 신부님 특강을 들으러 갔다. 정훈희의 꽃밭에서 노래를 세 번이나 들려준다. “꽃밭에 앉아서 꽃잎을 보네, 고운 빛은 어디서 왔을까~ 아름다운 꽃이여”

먼 곳 독일에서 와서 길가에 아름다운 꽃을 가꾸는 그는 꽃같이 아름다운 사람이다.

반지

내가 반지를 처음 끼어 본 것은 어렸을 때 클로버 꽃반지다. 친구들과 시골길 걷다가 꽃반지 만들어 끼고 견주면서 까르르 웃던 기억이 새롭다. 지금은 오른쪽 검지에는 묵주반지를 끼었고 왼쪽 약지에는 남편이 오래전 경기도 지사로부터 공로상으로 받은 한 돈짜리 금반지를 끼고 있다. 묵주반지는 천주교회에서 묵주의 형태를 간단히 한 것인데 믿는 사람의 상징이기도 하다.

유럽여행 때 베네치아 산마르코 성당에서 미사 시간이 가까워지자 관광객을 들여보내 주지 않아 성당 안을 보지 못할 뻔했다. 성당 문 앞에 서 있는 사람에게 묵주반지를 보여주었더니 들어가게 해주어서 미사도 드리고 그 웅장하고 장엄한 성당 내부를 볼 수 있었다.

며칠 전에는 문인 선배님이 주홍색이 은은하게 나는 옥 반지를 주었다. 나에게 잘 어울릴 것 같다고 하셔서 끼어보니 내 손가락에 꼭 맞아 자주 끼고 다닐 것 같다. 이웃에 사시는 선생님은 요즘 갑자기 건강이 안 좋아지셨다. 주변 정리를 하시는 것 같아 마음이 짠하다. 열심히 치료하고 운동하면 괜찮아질 것이다.

언젠가 어머니도 나에게 소중히 간직하던 금반지를 주셨다. 그 금반지는 평생 반지 한번 끼어보지 못한 어머니 환갑 기념으로 우리 자매들이 해드린 것이다. 시골서 일하시느라 한 번도 끼신 것을 보지 못했다. 장롱 속에 두어서 새것 그대로였다. 그 반지를 보면 일하시느라 구부러진 어머니의 손가락이 떠올라 가슴이 아리다.

결혼할 때는 누구나 결혼 서약 징표로 반지를 주고받는다. 고대 이집트에서는 왼손의 약손가락과 심장 사이에 직통 혈관이 연결되어 있다고 믿은 데서 유래되었다. 그 풍습이 그리스로 전파되었으며, 로마로 이어져 유럽에 정착되어 지금까지 남게 된 것이다. 다이아몬드 반지를 하기도 하지만 녹여도 영원히 변치 않는 금반지를 많이 한다. 결혼반지는 맨 처음 풀로 남자가 여자의 손가락을 묶는 것으로 시작되었다고 한다. 고대 이집트와 로마에서는 반지는 소유권을 나타내는 표식이었다고 한다. 지금은 패션 액세서리로 끼는 사람이 더 많다.

남편이 나에게 준 기억나는 반지가 있다. 그가 군에 있을 때, 휴가 나와서 준 반지였는데 색이 변해있었다. 그 반지는 탄피를 자르고 갈아서 손수 만든 반지였다는 것을 요즘에야 알았다. 반지는 없어졌지만 갈고 닦으며 나를 생각했을 그가 그려지고 처음 사귈 때 애틋한 마음이 되살아났다.

결혼할 때는 남편에게 반지를 받지 못했다. 우리는 아무것도 없는 가난한 연인이었다. 늦깎이 대학생이었던 그는 가난했다. 무척 서운하고 결혼 예물을 받는 사람이 부러웠다. 그 후 시간이 흐르며 서운한 마음이 희미해지고 열심히 사느라고 반지 생각은 잊고 있었다. 시누이 결혼 때다. 시누이가 결혼 예물을 많이 받으니 남편은 미안한 마음이 들었는지 반지를 하라고 했다. 뜻밖이었다. 이왕이면 다이아몬드 반지를 하고 싶었다. 종로에서 금은방을 하는 친척 언니네로 갔다.

언니는 요즘 다이아몬드가 수입이 어려워 값이 많이 나가니 나중에 알만 바꾸면 된다고 하면서 가짜 다이아몬드를 하라고 했다. 가짜 다이아몬드는 시간이 갈수록 빛을 잃고 싫증이 났다. 사람도 진실이 없고 마음에 가식이 많으면 싫증 나고 멀어질 것 같다.

요즘 젊은이들도 결혼반지를 한다. 그러나 이혼율이 높은 것을 보면 가짜 다이아몬드처럼 마음이 많이 변하는 것 같다. 나는 결혼반지는 받지 못했지만 성실한 남편 덕에 세 딸 결혼 시키고 손자들 잘 자라고 이혼은 생각해 보지 않았다. 반지가 가짜면 어떻고 진짜면 어떤가. 중요한 것은 변하지 않는 마음이다.

마음의 등불

글을 모르고 산다는 것은 어두운 길을 등불 없이 가는 것과 같을 것이다. 때로는 발을 잘못 짚어 비틀거리기도 했을 것이고, 보아도 읽지 못하니 방법을 몰라 답답했을 것이다. 자기 틀 안의 고집에서 벗어나지 못해 오해도 많았을 것이다.

월요일이면 성당 한글 기초반에서 자원봉사를 한다. 대부분 칠팔십 대 할머니들이고 한 분은 구십육 세이신 분도 있다. 신장 투석을 하고 병원에서 바로 오시는 분도 있다. 일 다니시는 분도 결석하지 않고 재미있어하신다. 글씨도 정성 들여 붓글씨 쓰듯 예쁘게 써서 할머니 '연애편지 쓰셔도 되겠어요.' 하면 흐뭇해하신다.

젊은이들은 베트남, 중국, 필리핀 캄보디아 등에서 한국인과 결혼한 새색시들이다. 어느 때는 아기를 유모차에 태우고 시어머니와 같이 오기도 한다. 한 아이는 엄마랑 같이 다니다가 엄마보다 먼저 한글을 다 배웠다. 이들은 할머니들과는 다른 방법으로 전자사전을 찾으며 자기 나라 글로 토씨를 달면서 한글 공부를 한다. 세대 차이를 느낀다.

할머니들은 받아쓰기하는 분이 있는가 하면, 읽을 줄은 알면서도 쓸 줄 모르는 분도 있고, 읽지도 쓰지도 못하는 분도 있다. '가 갸 거 겨'에서부터 받침 없는 낱말을 먼저 가르치는데 글씨 쓰는 순서가 자꾸 틀리니 네다섯 살 때 내 아이들 글 깨우칠 때 생각이 나기도 한다.

처음 교실을 들어섰을 때는 가슴에 무거운 돌을 올려놓은 거 같았다. 글을 몰라서 한 맺힌 가슴을 안고 살았을 할머니들이 가여워서다. 시곗바늘을 거꾸로 돌리고 싶었다. 하지만 돌릴 수 없으니 받아들여야 하지 않는가!

글을 모른 채 평생을 사신 그 인생길이 얼마나 힘들고 고단했는지는 그 손을 보면 알 수 있다. 그러나 성실 하나로 살아오신 것 같다. 손가락 마디가 굵다 못해 굽어 있었다. 일을 많이 해 손톱이 닳고 검은색으로 변한 분도 있다. 폐지를 모은다는 할머니는 구순이 넘은 어머니가 계시는데, 어릴 때 동생들 보라고 학교를 안 보내줘서 이렇게 답답한 삶을 산다며 지금도 어머니를 만나면 원망 섞인 말을 한다고 한다.

친구 고모는 성당 단체에 들어갔는데 글을 받아써야 하는 서기를 자기에게 맡기려고 하자 팔에 붕대를 감고 가 모면

했다는 고백을 친구에게 했다고 한다. 진작 배우지 못한 자신을 탓하며 이제야 배우다니 하면서 한글을 쓰다 말고 가끔 한숨을 쉰다. 이렇듯 글을 모른다는 것은 할머니들의 가슴에 한과 부끄러움으로 자리하고 있다. 난 할머니들을 달래본다. "늦었다고 생각될 때가 가장 빠른 거예요. 그 시절에는 다 그랬어요. 머리가 나빠서 못 배운 게 아니고, 가난해서 그랬고, 딸이라고 안 가르치고, 동생들 보라고, 또 일하라고 안 가르쳤대요. 지금이라도 배우러 오신 게 대단한 거예요." 하면 손끝에 힘주어 열심히 글씨를 쓰신다. 집에서는 가르쳐줄 사람도 없다고 한다. 대부분 손자 손녀는 따로 살고 글을 모르는 것이 부끄러워 할아버지도 잠든 사이 몰래 숙제를 해온다고 한다.

할머니들이 한창 공부하고 있으면 천사 같은 김명순 로사리오(세례명)와 막달레나는 성당에서 간식을 만들어 온다. 따듯한 차와 감자도 삶아다가 드리고, 부침개도 해드리고 떡도 사다 드린다. 할머니들의 능력은 다 달라 글을 조금 깨우치신 분은 윗반으로 올라간다. 나보다 먼저 글을 가르친 봉사자는 여기서 글을 배워 은행도 가고, 성경도 읽고, 바오로서간도 끝까지 쓰신 분이 있다고 귀띔해준다. 모두가 수녀님과 십 년도 넘게 봉사한 선생님들, 적은 돈으로 간식과 공책까지 사는 수고하는 진정한 봉사자가 있기 때문이다.

지난해 딸이 어버이날 '세 잔의 차'라는 책을 선물로 주었다. 그 책은 실화인데 미국의 그레그 모텐슨이라는 등반가가 여동생의 죽음을 기리기 위해, 세계에서 두 번째로 높은 k2를 등정하다가 조난하였다. 생사의 갈림길에서 히말라야의 작은 마을 코르페 사람들이 그를 구조해서, 한 달 넘게 그들의 친절과 보살핌으로 건강을 회복한다는 내용이다. 모텐슨은 아무것도 가진 게 없지만 그들의 한 가지 소원을 들어주겠다고 말한다. 그러자 마을 사람들은 '우리 아이들을 학교에 보냈으면 합니다.'라고 말한다. 촌장은 코란이 얼마나 아름다운가? 그런데 난 이걸 읽지 못하네. '난 아무것도 읽을 수 없어. 이게 내 평생 가장 큰 슬픔이라네.' 하면서 '아이들한테 글을 가르치기 위해서라면 무슨 일이든 할 거'라는 촌장 하지알리는 말한다. 그 말이 할머니들의 마음인 것 같다. 그 후 모텐슨은 고향인 샌프란시스코로 돌아와 그들과 약속을 지키기 위해 집세 내는 돈이 아까워 중고차 안에서 잠을 자면서 어렵게 모은 돈으로 히말라야의 오지에 78곳에 학교를 세웠다.

어두웠던 할머니들의 얼굴이 밝아지고 글을 아는 사람이 부러웠던 것이 없어졌다고 하는 것을 보며 내 마음도 환해짐을 느낀다. 이분들은 마음에 등불을 찾은 것이다. 이제 여름 방학을 했으니 방학이 끝나면 할머니들은 네모 칸 공책에 낱말 숙제를 가득 써서 유치원생보다 더 티 없이 순수하고 젊은 마음으로 오실 것이다. 개학 날이 기다려진다.

천년 주목 숲길

개구쟁이 손자 승원이가 발왕산 천년 주목 숲길을 뛰다 걷다 때로는 엄마에게, 업어 달라면서 뒤따라오고 있다. 길이 멀어 다섯 살 아이에게는 무리라 생각했는데 경사가 없어 잘 걷고 있다. 천년 주목 숲길은 총 3.2km의 무장애 데크길로 케이블카를 타고 올라가 정류소에 내리면 어린아이 노약자 누구나 걸을 수 있게 조성해 놓았다.

우리는 먼저 산정상인 평창 평화봉에 오르고 주목 숲길로 들어서는 길을 택했다. 숲길에 처음 들어서서 만난 나무는 겸손의 나무였다. 갈매나무가 아치처럼 휘어져 가슴과 고개를 숙이지 않고서는 지나갈 수 없다. 1458m 정상 부근에서 만난 주목들은 경이로웠다. 고산의 악조건 속에서 수많은 우여곡절을 겪었을 나무들은 속이 텅 빈 채 그래도 푸르게 서 있다. 천년을 더 산 나무의 몸에는 세월의 자국이 깊게 새겨져 있다. 나는 한동안 그 앞에 서 있었다. 한자리에서 천년을 산 나무가 경이로웠다.

속이 텅 빈 주목을 보고 어떤 사람은 이렇게 표현했다. '속에서 천불이 나기를 천 번, 썩어 문드러지기를 천 번, 토해내기를 천 번' 그렇게 천년을 더 살았다고.

참선 주목(철학의 나무) 팻말에는 속을 비워야 장수한다. 필요한 만큼만 소유하고 기부하는 지혜가 행복한 기운을 준다고 쓰여 있다. 모진 시련을 견뎌낸 고뇌의 주목은 견디어 내는 것이 아름다운 삶이다. 라고 보여주는 것 같다.

천 팔백 년은 살았을 거라는 아버지 왕 주목과 어머니 왕 주목은 희생과 사랑에 보답이라도 하듯 빨간 열매가 꽃처럼 달려있다. 서로 상생, 공생하며 살아온 마유목, 서울대 정문을 닮은 서울대 합격의 나무, 그밖에도 고해 주목, 큰 구멍이 여덟 개 있다고 팔 왕눈이 주목, 승리의 주목이 나를 자연 앞에 숙연하게 한다. 내가 좋아하는 소박하고 청아한 산목련도 주목 숲길에 많았다. 산목련 가든에서 다리를 쉬며 초록 바다에 몸과 마음을 풀어 놓았다. 숲의 향기가 짙다. 다람쥐도 놀러 나오고 다래도 조롱조롱 달렸다. 바람도 텃세 부리지 않는 3대가 걸을 수 있는 길에 내가 서 있다는 것이 행복하다. 우리 승원이도 주목처럼 의연하게 그렇게 커가기를 바라본다.

추석날 외출

휴가철이 끝날 무렵 둘째 딸에게서 전화가 왔다, 올 추석에 2박 3일 어디 갈 수 있느냐고, 여러 가지 가사 일을 생각하면 갈 수 없는 형편이지만 떠나 보기로 했다, 가기 전날 큰사위도 인사차 다녀가고 오랜만에 사촌 시동생 내외도 다녀갔다, 추석 전날 차가 막힐까 봐 새벽에 주문진항으로 출발했다. 차는 막혔지만, 손자와 함께여서 지루한 줄 모르고 즐거웠다.

어시장에 들러 생선회를 사서 소돌 해수욕장으로 갔다. 오랜만에 만나는 바다가 반갑다. 성수기는 지났지만, 바다에는 늦여름을 즐기려는 사람들이 바닷물에 첨벙 인다. 멀리 갯바위가 파도에 몸을 헹군다. 하늘에는 하얀 구름 사이로 햇살이 쏟아진다. 손자는 도시에서 할 수 없는 모래 놀이에 푹 빠져있다. 우리는 하얀 물거품을 밟으며 조개를 잡았다. 껍데기 무늬가 제각각 다 다르다. 사람들의 모습처럼, 해가 설핏하여 숙소에 짐을 풀었다.

다음날은 오대산 자락에 있는 한국 자생 식물원에 갔다. 멸종 위기 식물, 희귀 식물. 볼수록 아름다운 작은 꽃들에 나비가 날아든다.

마침 솔바람 갤러리에서 '우리 꽃 사진전'도 있어서 덤으로 보았다. 우리 꽃이 이처럼 아름답고 예쁜 이름을 지닌 줄 이제야 알았다. 그곳에는 북카페 '비안'도 있다. 2만 여권의 책이 있어 식물도 보고 우리 꽃도 보고 머물고 싶은 공간이다.

한국 자생 식물원은 20여 년간 개인이 심고 가꾸어서 산림청에 기증하여 국립 식물원으로 전환 되었다고 한다. 참 훌륭하고 대단한 분이라고 생각되었다. 추석이라고 입장료도 받지 않았는데 올 때 작은 다육이도 이름표를 달아 선물로 준다. 은방울꽃, 해변바위솔, 와송, 우리 식물이다. 잘 키워보아야겠다.

사위가 여행 계획을 빈틈없이 세워 알차게 여행을 시켜주어서 고마웠다. 올 추석은 즐거운 외출이었다.

일상이 기적이다

성당에서 미사를 드리고 나오며 성물점을 기웃거렸다. 진열대 위에는 늘 신간이 올려져 있다. 오늘은 저마다 색이 다르고 무늬가 다른 둥근 조약돌 책 표지가 눈길을 끈다. 기적이라는 책이다. 살펴보니 세계적인 가톨릭 영성가인 독일 신부님이 쓴 책이다.

차례를 살펴보았다. 큰 제목이 눈에 들어온다. '모든 것에 의미가 있다. 당연한 것 안에 깃든 놀라움, 모든 것에는 때가 있고 자리가 있다. 내가 생각했던 기적은 아닌 것 같다. 책을 들고 집으로 오면서 기적이 맴돈다. 불가능한 일이 어디에서 일어났을까? 고칠 수 없는 병이 신의 손길로 치유되었을까, 죽은 사람이 살아나기라도 해서 천국 이야기라도 했을까, 기대하고 집에 와서 책을 펼쳐보았다.

첫 장에 알베르트 아인슈타인이 말하기를 '우리가 삶을 살아가는 두 가지 유형이 있다. 기적은 전혀 없는 양 살아가거나 모든 게 기적 인양 살아가는 것이다.'라고.

나는 지금껏 살면서 내가 사는 것이 기적이라고 생각하지 않고 살았다. 그저 당연한 것으로 생각했다. 처음에는 재미가 없다고 생각했는데 읽을수록 마음에 와닿는다. 양치질하고, 세수하고, 옷 입고, 걷고, 책 읽고, 보고 듣고 누구나 하는 일인 줄 알고 살았다.

기적 책에는 일상이 쓰여 있다. 일상에 의미를 담았다. 아침에 눈을 뜨는 것, 숨 쉬는 것, 하루를 시작하는 일이 어쩌면 너무도 당연하지만, 그것이 기적이라고 쓰여 있다.

일상이 기적이라니! 그것을 깨닫는 데는 오랜 시간이 걸리지 않았다. 살아가면서 더 자주 가까이서 그것을 느낀다. 친구가 안경을 하려고 안경원에 갔다. 글씨가 휘어져 보인다고 하니 큰 병원에 가보라고 하더란다. 그래서 그곳에서 눈 수술을 했는데 한 달이면 보인다고 하던 눈이 두 달이 가도 보이지 않아 병원에서 법적 실명이라는 진단을 받았다. 그 친구를 볼 때마다 두 눈으로 볼 수 있는 것도 기적이라고 느끼는 요즘이다.

혼자 사는 삼촌이 수술받게 되어 병간호하게 되었다. 당연한 줄 알았던 일상이 기적으로 보인다. 4인실 병실에는 모두 다른 병명으로 입원해 있다. 불편한 곳도 제각기 다르다. 살펴보면 내 손으로 밥 먹는 것도 화장실 가는 것도, 걷는 것도, 옷 입는 것도, 모두 기적이다. 평범한 하루 속에 기적이 있음을 이제야 알 듯하다.

기적이란 특별한 일이 일어나는 것이 아니다. 생각하면 내가 연고도 없는 사천이 고향인 남편과 만나 평생을 산다는 것도 기적이고, 사십이 넘도록 자녀 결혼 못 시켜서 애타는 지인을 보면 딸들이 성실한 남편 만나 손자들 낳고 키우며 사는 것도 기적이라는 생각이 든다. 아무 일 없이 살아가는 게 기적이다.

계절이 오고 가고, 꽃이 피고 지고, 그 속에서 사는 게 기적이다. 또한, 기적은 사건이 아니라 깨달음이다. 무미건조하고 다람쥐 쳇바퀴 돌 듯 따분한 게 일상이 아니라 소중한 것이 일상임을 이 책에서 깨달았다. 평범하고 자잘한 일상이 모여 삶 그리고 인생을 만드니까. 일상의 소중함을 새삼 깨닫는다.

나를 돌아보게 하며 내 마음에 울림을 주는 책, 기적을 가까이 두고 자주 펴보아야겠다.

2

액자 속의 포장마차

액자 속의 포장마차

사진처럼 지난 일을 선명하게 기억해 주는 것은 없을 것이다. 그래서 사람들은 좋은 날, 기념으로 남기고 싶은 날을 사진으로 남겨 놓나 보다. 나에게도 작은 액자 속의 사진을 바라보면 참으로 많은 것을 기억나게 하는 사진이 있다. 그 사진은 남편의 대학 졸업 사진이다. 졸업 가운을 입은 아빠 옆에는 큰딸이 쫄바지에 큰엄마가 사준 토끼 모자가 달린 흰옷을 입고 천진하게 웃고 있고, 둘째는 털모자를 쓴 채 품에 안겨 자고 있다. 나는 그 옆에 자주색 투피스에 긴 부츠를 신고 머리카락을 날리고 있다.

남편은 그렇게 두 아이의 아빠가 되어 서른한 살에 대학을 졸업했다. 복학생 중에도 나이가 제일 많았다. 남편이 군 복무하고 있을 때다. 나는 몸이 안 좋아 직장에 다니다 집에서 쉬고 있을 때이다. 또래의 사돈처녀가 웃으면서 살맛 나게 해준다며 남편을 소개해 주었다.

그 후 5년을 만났다. 그러던 어느 날 남편은 나에게 결별을 선언했다. 동생이 S대에 입학했는데 박사과정까지 해야 하고, 여동생도 중학교부터 대학까지 가르쳐야 하고, 자신도 하고 싶었던 공부를 해야 하니 남의 집 귀한 딸을 데려다 고생시킬 수 없다는 것이다. 헤어지기 위한 핑계인 것 같아 몹시 화가 나고 배신감을 느꼈다.

주위에서 직업도 없고 뜬구름 같은 사람과 결혼하면 좋은 시절 고생하다가 다 지나간다며 반대했다. 그러나 그가 꿈이 있고 의지가 강해 보여 난 사랑에 빠진 여인이었다. 그때 참으로 마음고생을 많이 했다.

결혼해서 살면서 헤어져야 할 이유가 헛된 말이 아닌 진실이라는 것을 알았다. 집안의 도움 없이 삼 남매가 공부한다는 현실은 우리에게 그리 녹록지 않은 세월이었다.

남편이 학교에 다니면서 을지로 2가 지인의 식당 골목에서 포장마차를 했다. 학교에 가고 나면 시장에 가서 꼼장어, 닭 모래집, 오징어 등을 사다가 준비해 놓는 것은 나의 몫이었다. 오후에 와서 포장마차를 열면 옆에서 도왔다. 산골에서 글만 읽는 선비 할아버지 밑에서 자란 나는 장사가 생소했다. 더구나 바다가 없는 곳이 고향인 나는 꼼장어 벗겨 놓은 것만 보아도 징그럽다고 도망가고, 물에 불려놓은 오징어를 싱싱하고 크다고 사 오던 나였다.

눈이 많이 와 발이 몹시 시리던 날, 큰아이를 등에 업고 장사할 음식 준비를 다 하고 포장마차에서 기다려도 남편은 오지 않았다. 장사를 거두어야 할 시간이 돼서야 나타났다. 아무 말도 하지 않았다. 그라고 왜 다른 학생들과 어울리고 싶지 않을까!

그해 마지막 날 첫딸 돌날이었다. 남편이 경찰 단속으로 파출소에서 밤을 새우던 날은 아픈 기억으로 오랫동안 남아 있었다. 인생길이 좁고 춥다고 느껴질 때, 남편이 미안한 마음을 가지고 있음을 알았을 때, 얼었던 몸과 마음이 녹아 그동안의 고생이 다 사라져 버리는 듯했다.

겨울날 눈 위에 밤늦게까지 서 있어도 을지로 입구에서 금호동까지 걸어서 손수레 뒤를 따라가도 고생스럽다고 생각하지 않고 즐거운 마음으로 했다. 지금 생각하면 그것이 사랑의 힘인 것 같다. 혼수를 당장 필요한 것만 조금 장만하고 아껴두었던 돈과 친정 고모에게 돈을 빌려 조그만 식당을 열었다. 일하는 아줌마가 두 명 있었지만, 점심시간에 배달이랑 한꺼번에 손님이 오면 당황해서 어찌할 줄을 몰랐다. 남편의 같은 과 학생들이 자주 놀러 와 도와주고 나를 형수님이라 불렀다. 지금은 만나면 추억이 되었는지 그때가 좋았노라고 이야기한다.

시동생은 남편보다 한해 먼저 대학교를 졸업하고 박사과정을 끝낸 후 교수가 되고, 시누이도 무사히 학업을 마쳤다. 졸업하던 날 시누이는 나에게 사각모와 졸업 가운을 입혀 주었다. 그렇게 세월이 흘러 남편은 가장으로서 학생으로서 역할을 하고 두 아이를 안고 졸업을 했다. 무엇보다 공부하는 본인들도 고생했지만, 시부모님들도 많은 고생을 하셨다.

어느 날 동네 푸줏간에 고기를 사러 갔을 때다. 뜻밖에도 그 주인은 나에게 고기를 후하게 건네면서, "댁은 남편을 공부시켰다며, 근데 아가씨 같네." 대견한 듯 부러운 듯한 눈길을 주는 게 아닌가! "아니에요. 자기가 열심히 했어요." 난 아무것도 해준 것이 없는데 부끄러웠다. 남편이 그 말을 들으면 얼마나 마음이 상할까? 그는 자신의 의지로 동생들 공부시키고 부모님 없는 팔촌 동생까지 야간대학을 다니게 돕기도 했다. 농고를 졸업하고 군 제대 후 채소 수레를 끌며 생선가게도 하면서 공부했다. 옆에서 장사하는 할머니가 집 나온 총각으로 알고 이런 거 할 사람 아니라고 집으로 돌아가라고 하면 "이걸 하지 않기 위해서 해야 합니다." 하면서 책을 놓지 않고 공부했다. 이십 칠 세 되던 해 대학에 수석으로 들어갔다. 특별장학금을 받아 사 년 동안 등록금을 거의 내지 않았다.

시동생도 과외해서 용돈 쓰고 책도 사보았다. 그런데 동네 사람들과 시골 친구들, 나를 아는 사람들은 남편 공부시킨 여자라고 하니 남편 귀에 들어갈까 민망했다.

그 액자 속의 사진은 어려웠지만, 희망이 있었던 날들을 기억나게 한다.

살아오는 동안 그때가 많은 힘이 되었다. 새 뿌리를 자라게 하였다.

은혜를 아는 사람

혼자 사는 삼촌이 있다. 작은아버지라고 불러야 하지만 결혼을 하지 않아서 미수가 지났는데도 언제나 삼촌이라고 부른다. 연세가 많으시니, 가끔 집에 가서 밥을 차려 드리고 국도 끓여 놓고 생활하는데 불편한 점은 없으신가 살피고 온다.

삼촌 집에는 두 명의 아줌마가 다녀간다. 한 사람은 이발 봉사하는 사람이다. 이발할 때가 되었다고 전화하면 방문한다. 낮에는 미용실을 운영하기에 밤에 온다. 삼촌이 수고비를 주면 식재료를 놓고 가기도 하니 참 고마운 분이다.

또, 한 사람은 가끔 다녀가는데 무척 오래되었는데도 나는 한 번도 본 적이 없다. 십 년을 훨씬 지난 것 같다. 내가 삼촌 집에 갔을 때, 두부, 콩나물, 간식, 고기 이런 것들이 냉장고에 있는데 삼촌은 항상 누가 가져온 것이라고만 한다.

그런데 며칠 전 그 여자분이 내가 있을 때 왔다. 젊은 여자였다. 의외였다. 삼촌은 장애가 있고 이제 연세가 있으셔서 걷기도 어려운데 수년을 꾸준히 찾아 준다. 그분은 '다음에 올 때 피자 사 올게.' 하면서 금방 일어선다. 나는 엘리베이터 타는 곳까지 따라가서 늙으면 외롭고 고독한데 찾아 주어 고맙다고 인사했다. 요즈음 부모님도 잘 찾아보지 않는 세상인데 정말 그분이 고맙다.

삼촌이 그분 이야기를 해 줬다. 전에 이웃에 살았다고 한다. 결혼하여 아들을 하나 낳았는데 남편이 집 나가서 다른 여자와 살며 돌보지 않으니 어린애를 키우면서 식당에서 일했다고 한다. 그때 삼촌이 조금 도와주었단다. 지금은 그 아이가 대학교를 졸업하고 취직을 했다고 한다.

그런데 그분은 지금도 일을 하면서도 틈틈이 삼촌을 찾아 준다. 어느 때는 병원에도 모시고 가고 슈퍼마켓도 약도 사다 드린다. 은혜를 아는 사람이다. 그 한 사람이 주변을 밝히는 작은 등불인지도 모른다.

나는 은혜를 갚지 못하고 사는 사람이 있다. 둘째 딸 서진이가 홍대 입구에서 입시 실기 준비할 때 하숙하던 주인아주머니이다. 그 아주머니는 재수하며 입시 준비하던 서진이가 미대에 합격하자, 아래위층을 뛰어다니며 마치 자기 딸이 합격한 것처럼 서진이 합격했다고 소리치며 좋아했다고 한다.

마음은 잊지 않고 있어서 어느 날 홍대 입구 하숙집을 찾아갔으나 이사하고 없었다. 연락처도 없고 세월이 한참 흐른 뒤에 그분에게 연락할 길을 찾다가 아들이 수원에 있는 병원 정형외과에 근무한다는 게 기억나서 아들과 통화 후 연락처를 알아냈다. 인사하러 가려고 하니 코로나가 잠잠해지면 오라고 했다. 그러다가 시간이 흘러 손전화를 분실해서 번호가 없어졌다.

마음에만 있었지, 이런저런 사정으로 아직도 찾아뵙지 못했다.

은혜를 아는 이는 자신이 받은 것을 또 다른 누군가에게 전한다고 한다. 세상은 거창한 정의보다 이런 잔잔한 마음으로 유지되는지도 모른다. 받은 은혜가 마음속에 오래 발효되어 나도 누군가에게 따뜻함을 건네야 할 것 같다.

비빔밥에 담긴 마음

고향에 다니러 갔다가 어려서 소풍 다니던 각연사에 갔다. 마침 사월초파일 부처님 오신 날이다. 연등이 오색으로 바람에 펄럭이고 불두화 꽃이 소담스럽게 피어 반긴다. 조용한 산속 절이 오늘만큼은 사람들이 많다. 나는 어려서 이 절의 설화를 재미있게 들었다. 절터가 연못이었는데 부처님이 그 물속에서 나왔고 까치가 대팻밥을 물어다 연못에 놓아서 절을 짓게 되었다는 이야기다. 경내를 둘러 보니 고즈넉하고 고요하고 소박한 절이 옛 모습 그대로다.

공양이 준비되어있다기에 사람들 틈에 끼어 줄을 섰다. 묵은김치에 콩나물, 시금치나물을 넣은 소박한 비빔밥과 된장국을 받아들었다. 오늘은 특별히 절편과 수박도 한쪽 곁들여 있다. 절 음식은 담백하고 정갈하고 정성이 깃들어 있다.

비빔밥을 먹으며 불자가 아니면서 밥을 먹는 것이 미안했다. 조금 후 낯선 세 사람도 비빔밥을 받아들고 옆자리에 앉았다. 그 사람들도 불자는 아닌듯했다. 남자분이 말했다. 봉사하는 분에게 참기름은 없느냐고, 그분은 절에서는 참기름을 잘 쓰지 않는다고 했다. 슬며시 웃음이 나왔다. 그분은 익숙한 입맛을 찾았는지 모른다. 절에서 참기름을 찾는 그 한마디가 오래 남았다. 문득 어느 신부님이 쓰신 '없는 것마저 있어야지' 하는 책 제목이 떠오른다. 그건 단지 참기름을 찾는 것만 아니라 무의식적인 욕심이라는 생각이 들었다.

성당에서 성모회 월례회의가 있는 날이면 끝나고 점심을 먹는다. 조를 짜서 돌아가면서 식단을 정하고 준비한다. 오늘의 메뉴는 비빔밥이다. 비빔밥이 화려하다 당근도 볶아 넣고, 호박도 살짝 익혀 넣고, 무나물, 콩나물, 노란 달걀부침까지 올려놓았다. 따듯한 밥을 넣고 고추장과 함께 비볐다. 저마다의 나물 맛이 어우러져 새로운 맛을 냈다.

그 모습이 문득 사람들의 삶과 닮아 보였다. 비빔밥 안에는 작은 우주가 있다. 햇살 머금은 쌀, 바람 따라 자란 나물과 손끝의 정성으로 만든 양념 그 모든 것이 하나 된 비빔밥이 되어 나에게로 온다. 그 밥을 떠먹으며 삶의 본질을 배운다. 사는 동안 우리는 서로 다른 인격체로서 때로는 부딪히며 이해받지 못하고 오해하기도 한다. 하지만 어느 순간 적응하고 어울리기도 한다. 가족이라는 이름으로 친구라는 말로 혹은 스쳐 간 인연으로 그렇게 서로를 받아들이며 함께 살아 낸다.

비빔밥이 맛있는 이유는 각각의 나물이 조화를 이루기 때문이다. 맛과 색깔을 잃지 않되 전체 속에서 자기 역할을 다 하는 것이다. 비빔밥 그 위에 뿌려진 고소한 참기름 같은 사람, 비빔밥은 그렇게 말없이 가르친다. 삶이란 때로는 섞여야 비로소 깊어지고 다름이란 맛을 더하기 위한 재료라고…….

나는 그날, 밥을 먹은 것이 아니라 사람을 인생을 그리고 어우러짐을 배웠다. 밥그릇 안에서 피어나는 교훈을 얻었다.

꽃수레

어느 날 외출했다가 돌아오니 헌 유모차가 마당 한쪽에 있다. 난 왜 이런 것을 주워다 놓았느냐고 구시렁대며 내다 버렸다. 남편은 쓸 곳이 있다며 다시 가져왔다. 헌 유모차는 어느 날 꽃수레로 변신했다. 포개어 실을 수 없는 화초들을 위하여 각목으로 삼 층을 만들었다. 칭찬에 익숙하지 않은 나지만 내심 구상이 좋다고 생각했다. 어떤 사람은 잘 만들었다며 아저씨 머리가 좋은가 보라고 하기도 한다.

남편은 이른 봄부터 옥상을 오르내리며 산에 가서 흙도 퍼오고 열심히 꽃나무를 삽목 하더니 여러 가지 꽃나무가 옥상으로 가득하다. 꽃은 해마다 새롭게 피어난다.

늦봄에 백합이 다투어 피어 향기를 날리더니 여름이 되자 보라색 도라지꽃과 뜨거운 태양을 사모하는 대왕꽃기린이 빨강, 분홍, 연두로 피기 시작했다. 목수국도 소담하게 피었다.

몇 년을 취미로 길러 지인들에게 나누어 주고 성당에 기부도 하더니 판매를 해볼 모양이다. 지난겨울에 들여놓을 곳이 없다고 줄이는 것이 좋겠다고 했는데 여전히 많이 번식해 놓았다. 식물이 뿌리내리고 자라는 것을 남편은 재미있어한다. 온실에서 기른 꽃들보다 더 싱싱하고 뿌리가 튼실하다. 가끔 올라가 보면 아름다운 꽃들이 위안을 주고 기쁨을 준다. 누가 자기를 바라보지 않든 바라보든 옥상에서 피는 꽃들이 사랑스럽다.

만들어 놓은 꽃수레에다 화분들을 스티로폼 상자에 담아 실으니 훌륭했다. 흩어져 있을 때보다 꽃들을 모아 놓으니 아기자기하고 더 예쁘다. 근사한 장식품도 될 것 같다. 꿈속에 꽃수레를 밀면 길몽이라고 하던데 마당 한쪽에 그냥 두고 보아도 좋을 듯하다. 꽃수레에다가 '가정에서 재배한 꽃이라 죽지 않아요' 하고 팻말을 붙여놓았다.

꽃수레를 밀고 어디로 갈까 고민하는 남편을 따라나섰다. 쑥스러웠지만 건강해서 이런 것도 하니 축복이라 생각하고 밀었다. 앞에서 끌고 뒤에서 밀면, 어려서 불렀던 노랫말이 떠오른다. 그리고 남편이 대학 다닐 때 포장마차 수레를 끌던 생각도 난다. 늦은 나이에 고학해서 동생들과 함께 어렵게 공부한 그다. 그래, 인생이 꽃수레처럼 늘 화려한 것만은 아니야, 빈 수레도 있고 슬프고 아픈 수레도 있고 무겁고 힘겨운 수레도 있는 거야. 앞에서 끌고 뒤에서 밀어 우리가 여기까지 온 거야, 세 딸 모두 결혼시키고, 남미, 아프리카까지 배낭여행하고 그것이 나에게는 선물이고 꽃수레였어.

며칠 꽃수레를 멀리까지 밀고 가서 삼복더위에 꽃을 팔았다. 그러면서 남편은 먹고살기 위해서 이런 것을 한다면 얼마나 서글프겠냐면서 더위도 잘 견딘다. 나보고는 자꾸 집에 들어가라고 한다. 어느 날은 꽃수레가 가다가 고장이 났다. 연장을 가져오라고 해서 가지고 갔더니 꽃을 모두 내려놓고 바퀴를 살피고 있다. 그리고 연장으로 고장 난 곳을 수리했다. 우리의 삶도 때로는 고장도 나고 치료도 하고 그렇게 살아온 거야.

밖에서 꽃수레가 돌아오는 소리가 난다. 주말이라 집에 놀러 왔던 다섯 살 손자가 아빠하고 나갔다가 꽃수레를 밀고 들어온다.

복숭아나무에 살구꽃

햇살이 따듯하여 옥상에 올라갔다. 옥상은 남편의 텃밭이다. 꽃과 채소를 기르기도 하지만 나무로 상자를 짜서 대추나무 사과나무도 심어놓았다. "여보 이리 좀 와 봐요, 복숭아나무에 살구꽃이 피었어요." 남편의 상기된 목소리다. 옥상에는 먹고 버린 복숭아씨에서 싹이 나서 자라는 개복숭아 나무가 있다. 열매는 달리지 않지만 봄이면 화사한 꽃을 보여주었다. 남편은 그 나무에 살구나무를 2년 전 접붙여 놓았다. 올봄은 연분홍 살구꽃과 복사꽃이 함께 피었다.

한 나무에 두 가지 과일이 달리려나, 기대가 크다. 복숭아 닮은 크고 빛깔 좋은 살구가 달렸으면 좋겠다. 꽃이 질 무렵 옥상에 올라갔다. 꽃이 피었던 가지에 초록색 살구가 조롱조롱 제법 많이 달렸다. 원목 개복숭아 나뭇가지에는 복숭아가 조그마하게 서너 개 달려 있다. 낙과될지도 모른다.

마당 가에 있는 모과나무에 사과나무를 접붙인다기에 가 보았다. 원목인 모과나무 가지를 면도칼로 조심스레 깊이 깎아 내고 사과나무 가지를 꼭 맞게 잘라 붙이고 테이프를 감아 놓는다. 위쪽 자른 부분도 수분이 증발하지 않도록 감아 놓는다. 또 다른 가지에 배나무도 붙여놓았다. 다종나무다. 종이나 속이 같은 과끼리는 접목이 잘된다. 지난해 봄에 접붙여 놓은 것은 잎눈이 나오고 있나 살핀다. 겨울에 냉장고 야채실에 나뭇가지를 랩으로 싸서 보관하더니 접수였다. 그렇게 해서 접을 붙이면 성공률이 높단다.

어릴 때 고향집 고욤나무에 감나무를 접붙여서 크고 맛있는 감을 많이 먹었다. 며칠 전에는 시골길 걷다 대추나무 접붙여 놓은 것을 보았다. 같은 종인데 사과 대추를 얻기 위해서다. 접붙이는 것은 우량종을 만들기 위한 인위적인 결혼이다. 며칠 전 초등학교 저학년인 손자가 서로 다른 나무를 합칠 수 있느냐고 물어보았는데 확실한 답을 얻었다.

동물도 합칠 수 있는 동물이 있다. 노새는 암말과 수나귀 사이에 태어났다. 그 반대로 수말과 암나귀 사이에 난 것은 버새라고 한다. 버새는 몸도 작고 약해서 찾는 사람이 없다. 머리 모양과 귀는 당나귀를 닮고 갈기는 말을 닮은 노새는 말보다 인내심이 강하고 힘이 세다. 수명도 길고 지능도 당나귀보다 높다. 말보다는 작아서 타기에도 적당하고 짐을 나르기에도 좋다.

히말라야 트레킹 할 때 차가 다니지 못하는 산악마을 돌계단 길을 소금을 싣고 거침없이 가던 노새가 생각난다. 나폴레옹이 알프스산맥을 넘을 때도 말이 아니라 노새를 타고 넘었다고 한다. 에티오피아에서는 노새에 곡식을 싣고 물물 교환하러 먼 곳 있는 장에 가는 사람들이 많았다. 잡종인 노새는 후세는 없지만, 사람과 오랜 세월을 같이 살아온 고마운 존재이다.

사람도 어쩌면 같은 이치인지도 모른다. 우리 부부의 시간도 그런 접붙임의 연속이 아니었을까. 서로 다른 성격, 다른 취향, 다른 꿈, 하지만 함께 살아가는 동안 어느덧 서로에게 스며들고 익숙하지 않던 꽃도 피워 내게 되었나 보다. 복숭아나무에 살구꽃 그것은 분명한 사랑의 흔적이다.

남편과 결혼하여 딸 셋을 낳아 길렀다. 큰딸은 아빠를 많이 닮고 성격도 비슷한 점이 많다. 무엇이든지 하려고 하고 가만히 있지 않고 부산스럽다. 그것이 좋은 점이기도 하다. 어느 때는 마음에 들지 않은 곳을 의식하고 아빠를 많이 닮았다고 하면 "나 닮아서 뭐 안 좋은 것 있어 지나가는 남자를 닮았으면 큰일 나지." 해서 웃었다.

둘째는 나를 많이 닮아 끈기가 없고 움직이는 것을 싫어하고 야무지지 못하다. 몸도 약하게 태어났다. 그래도 잔정은 있다. 셋째는 두 사람의 좋은 점을 고루 닮아서 내가 좋아한다. 그 애는 속이 깊고 성실하다.

모두 건강하고 지혜롭게 태어나길 바라지만 버새나 작은 복숭아처럼 약하고 부족한 자식도 있다, 우리는 둘째 딸이 그렇다. 그래서 더 마음이 간다. 딸 셋은 배우자를 잘 만났다. 부족한 점은 서로 잘 보완해 주고 화목한 가정을 이루고 산다.

막내딸이 아기를 낳았다. 먼 나라에서 손자 사진이 도착했다. 누구를 닮았을까 살핀다. 얼굴형과 이마는 사위를 닮고 눈과 입 주변은 딸을 많이 닮았다.

둘이 모두 키가 크고 선하니 성품은 두 사람 모두 닮았으면 좋겠다. 그리고 건강하게 잘 자라 주기를 염원한다.

남편이 복숭아나무와 살구나무, 모과나무와 사과나무를 접목했으니 새콤달콤 맛있는 우량종 과일을 기대한다.

이발소 가는 여자

한낮의 열기가 늦은 오후인데도 습도가 더해져 무더위로 남아 있다. 이럴 때는 긴 머리라도 짧고 시원하게 자르고 홀연히 계곡이나 바닷가로 떠나고 싶다. 남편은 더운지 이발할 때가 되었다며 이번에도 같이 가주지 않겠느냐고 한다. 처음에는 시간이 아깝기도 하고 이발소 손님들 시선도 쑥스러워 가지 않겠다고 했다. 지금은 이발소 아저씨의 그칠 줄 모르는 재담(才談)에 끌려서, 서로 다른 일상 속에서도 곁을 내주는 것이 부부가 아닌가 하여 자연스럽게 같이 가곤 한다.

손님도 아닌 내가 들어서니 아저씨는 인사 대신 선풍기 고개를 숙여 나에게로 돌려놓는다. 소파에 앉아 하릴없는 여자처럼 머쓱한 표정으로 신문을 뒤적이다가 이발소를 둘러본다. 이곳에서 이발을 시작한 지 30년이 더 되었다는 이발소는 옛 모습 그대로이다. 시간이 머물러 있는 곳 같기도 하다.

겨울에 물을 데워 쓰던 연탄난로는 한쪽에 자리하고 있고, 철 책상 위에는 면도할 때 쓰려고 신문지를 반듯하게 잘라 쌓아 놓았다. 머리를 감기는 곳은 시멘트 기둥을 세워 싱크대 상판을 걸쳐 놓았다. 그리곤 에어컨도 없고 아주 오래된 구형 이발용 의자와 선풍기가 두 대 있을 뿐이다.

문 옆 벽에는 생경하게도 소 코뚜레가 걸려 있어 연유를 물어보았다. 그것에는 소의 일생이 들어있는 것이다. 맨 처음 소를 길들이기 위해 코청을 뚫어 만든 것이라고 한다. 저것은 고향 집 소가 죽을 때 벗어놓고 간 것인데, 그것을 걸어 두면 영업이 잘된다는 속설이 있어서 걸어 두었다고 한다. 멍에를 메고 고삐에 끌려 일했을 소가 떠올라 마음이 찡했다. 아저씨는 자기도 열네 살에 쌀 네 말을 아버지가 빌려와 갚지 못해서, 코가 꿰어 머슴을 살았다고 한다. 성실히 일했더니 집에 올 때 주인집 아주머니가 덤으로 큰 함지에 떡을 하나 가득 해주어 어머니와 해후하며 울었다고 한다. 쌀이 귀하고 가난했던 시절이 밀물처럼 밀려든다.

아저씨는 이발을 빨리해 달라고 하면 가라고 한다. 항상 자기가 하던 과정대로 해야 한다. 한 사람 이발하는데 50분에서 1시간 걸린다. 옛날 방식대로 자기만이 지닌 솜씨 그대로 하는 것 같다. 온 머리에 면도할 때 사용하는 솔로 비누 거품을 발랐다 닦는 것은 왜 하는지, 장인정신이 있다. 그 아저씨를 보면 윤오영의 수필, 방망이 깎던 노인이 생각난다. 머리숱이 적은 남편은 이곳이 마음에 드는지 몇 년째 이곳만 다닌다. 단골집이다.

남편은 이발할 때나 예식장을 갈 때나 성당에 갈 때는 늘 같이 가기를 원한다. 어느 때는 주일 미사를 두 번 갈 때도 있다. 어쩌다 혼자 가면 '형제님은?' 하면서 교우들이 묻는다. 시간이 있을 때는 시장에도 함께 다니니 부부 사이가 좋아 보인다고 하기도 한다.

그런데 우리 부부와 달리 이발소 아저씨는 부인의 손 전화번호도 모른다고 한다. 식사도 스스로 해결하고, 일하면서는 말을 쉴새 없이 잘하는데 집에 가면 말을 하지 않는다고 한다. 부부가 같이 여행이란 한 번도 가 본 적이 없어 가고 싶은 마음도 없다고 한다. 남보다 더한 거리감을 두고 사는 것이 아닌가 하는 생각이 들었다. 그러나 그분들은 믿음이 있었다. 결혼 초에는 자기가 하늘이었는데 지금은 바뀌어 부인이 하늘이 되었다고 하면서 웃는다. 서로가 간섭하지 않고 사는 것도 한 가지 방법이라는 생각이 든다.

우리 부부도 너무 붙어 있으면 소소한 일로 다툰다. 남편은 성격이 급하고 다혈질이다. 담백, 단순하기도 하다. 어느 때는 생선을 좀 많이 사 오면 잘 다듬어서 한번 먹을 만큼씩 포장하여 냉동실에 넣어주는 자상함도 있고, 토스트를 만들어 토마토 주스와 채소를 곁들여 근사한 아침상을 차리기도 한다.

어쨌거나 '부부란 같이 있으면서 같은 장소에서 서로 순간순간 다른 풍경도 바라보지만, 같은 곳을 바라보면서 함께 걸어가는 존재가 아닌가! 이처럼 몸은 각각 이지만 부부란 역시 한 몸이란 생각이 든다.

이발소에 갈 때마다 함께 가기를 원하는 남편이 조금은 이해가 된다. 오늘 먼저 하늘나라로 간 남편을 그리며 쓴 수필을 읽었다. 모두가 못다 한 사랑, 곁에 있을 때 더 잘 해주지 못한 회한 같은 마음이 배어 있다. 함께 할 때가 행복한 시간이다. 이발소를 같이 가주는 것도 지구별에 함께 있으니 가능한 시간이 아닌가! 함께 할 수 있는 시간에 더 많이 사랑하고 더 잘 해주어야겠다. 그것을 깨닫는 데는 많은 시간이 걸렸다. 외출할 때면 언제나 뽀뽀를 해달라고 내미는 볼에 애정 어린 입맞춤을 해야겠다.

내 마음의 보석

막내딸이 석사 과정을 마치고 캐나다 토론토로 유학을 떠나는 날이다. 배웅하기 위하여 4식구가 인천공항으로 향하는 택시를 탔다. 바닷물이 빠진 갯벌 위에 안개비가 내린다. 내 마음에도 내린다. 유학을 떠나는데 왜 출가를 시키는 것처럼 서운한지 모르겠다. 한 번도 가 보지 않은 이국땅으로 가는 막내는 항상 어른스러웠는데, 내 마음엔 아직 어린애로 자리 잡고 있어서일까! 어젯밤 늦게까지 짐을 싸느라 가방과 씨름하던 딸은 피곤한지 졸고 있다.

그곳은 춥고 겨울이 길다고 하니 추위를 유난히 타는 딸을 위해 나는 복더위에 겨울 내복과 전기요와 오리털 옷을 사러 남대문 시장과 백화점을 돌아다녔다. 지난겨울 오리털 패딩을 사주지 못한 것이 마음에 걸린다. 남들은 학비와 생활비까지 나와서 유학 간다고 하니 부러워한다. 그러나 남편과

나는 유학 가는 걸 그리 반기지 않았다. 막내딸을 곁에 두고 살고 싶었기 때문인지도 모르겠다. 언제나 엄마 아빠에게 감사할 줄 아는 딸이라 그런지 남편도 서운해했다.

공항에 들어서니 연휴가 끼어있는 휴가철이라 그런지 사람들이 북적거렸다. 먼저 짐 검사하는 곳에 짐을 저울에 올려 보았다. 짐은 집에서 줄이고 또 줄여서인지 덜어낼 것도 더 넣을 수도 없이 딱 맞았다. 아빠는 딸에게 이왕에 가는 유학이니 "자신감 있게 사람도 많이 사귀고 같은 학문을 하는 사람들과 교류도 하고, 글로벌 시대에 맞는 세계를 향한 네가 될 수 있도록 노력하라고 당부한다. 사람은 누구나 보석 같은데 다이아몬드가 되기 위해서는 너 자신을 부단히 갈고 닦아야 한다."라고 부탁한다. 빵과 토마토 주스 바나나로 아침 식사를 하고 있는데 같이 가는 친구가 인사를 한다. 혼자 가는 것보다 덜 외로울 거라는 생각으로 위로를 해본다.

돌아오는 길에는 공항 철도를 탔다. 이용하는 사람이 제법 많아졌다. 가방 속에 라면이 바스락거린다. 짐 용량이 초과했다고 어젯밤 빼놓은 것인데 어디 넣어 줄 곳을 찾지 못해 내 가방 속에 그냥 있다. 친구가, 남편의 권유로 어린 남매를 호주로 유학 보낼 때 날아가는 비행기를 끌어 내리고 싶었다고 한 이야기가 생각났다.

집에 들어서니 휑하다. 남기고 간 옷가지와 방을 정리하는데 자꾸 콧등이 시큰하고 눈앞이 흐려진다. 큰딸이 결혼했을 때도 그러지 않았는데, 엄마 아빠에게 항상 마음 써주던 막내딸이라서 그런가 보다. 떠나보낸 마음이 이렇게 시릴 줄이야. 그곳에서 공부한다고 몇 년 있다 보면 결혼할 나이가 되겠지. 다음 달에는 큰딸이 아기를 낳으면 난 할머니가 되고 세월은 강물처럼 흐르고 그것이 삶인가보다.

마음이 울적해서 성당에서 하는 안면도 여름 캠프에 갔다. 간밤에 캠프파이어를 한다고 하늘로 힘 있게 솟아오르던 불꽃도 사그라진 새벽에 서둘러 바닷가로 나갔다. 어제 종일 비가 오락가락하더니 수평선 위 구름 사이로 무지개가 떴다. 햇살이 빗살처럼 쏟아져 내린다. 조금 후 무지개는 흔적도 없이 사라졌다. 무지개를 본 것은 행운이었다. 우리의 행복도 오래오래 머물지 않고 무지개처럼 사라지는 것이라지.

바닷가를 거닐었다. 갈매기들이 바다를 응시하며 할 이야기가 많은 것처럼 모여 앉아있다. 밤새 밀려갔다 밀려온 바다에는 바람과 물과 생명이 모래 위에 무늬를 만들어 놓았다. 바다는 외롭지 않아 보였다. 나도 바다처럼 외롭지 않다. 딸이 성공하여 다시 돌아와 만남의 기쁨, 행복을 무지개처럼 선사해줄 희망이 있으니까.

배냇저고리

올 것 같지 않았던 가을이 억새 바람을 타고 왔다. 제법 시원해졌다. 오늘은 가을비가 촉촉이 내린다. 이번 비가 내리면 더 짙은 가을이 올 것 같다. 이런 날은 외출을 뒤로하고 옷장 정리를 해야겠다. 철 지난 여름옷은 안쪽에 가을옷은 앞쪽으로, 서랍을 정리하다 보니 안쪽 깊숙이 막내딸 배냇저고리가 아직도 있다. 삼십오 년이 되었다. 내가 이 배냇저고리를 보관하고 있는 것은 예로부터 시험이나 재판, 전쟁에 나갈 때 지니고 있으면 행운이 온다는 것을 누구에게 들었기 때문이다. 막내가 대학에 들어가기 위하여 수능 시험을 볼 때 도시락 가방에라도 슬쩍 넣어주려고 배냇저고리를 지니고 있었던 것 같다.

어디서 유래가 되었는지는 알 수 없지만, 알몸으로 태어나서 처음 입은 옷이 행운의 옷인 셈이다. 배냇저고리를 입으면서 인생이 시작되는 것이다. 뽀송뽀송한 융으로 된 저고리를 펴보니 인형 옷처럼 작아 앙증맞다. 소매 끝은 펴면 손 싸개가 되고 무명실을 꼬아 만든 끈이 하나는 길게 하나는 짧게 달려 있다. 색은 약간 누레졌다. 우유 냄새라도 날까 하여 냄새를 맡아 보니 아기의 살 냄새가 나는 듯하다.

딸 둘을 낳고 하나만 더 낳아보라는 친정 식구들의 채근은 아들을 기대해서다. 늦은 나이에 아이를 가졌다. 몇 개월이 지난 후 병원에서 알아보니 또 딸이었다. 딸을 바란 동생은 아들이고, 그것은 신의 영역이라고 생각했다. 큰고모님은 나보다 더 서운해했다. 나도 은근히 아들을 바랐었지만, 딸이라고 해도 마음이 기뻤다.

딸애는 순하게 잘 먹고 잘 자고 무탈하게 자랐다. 막내딸은 어른스러웠다. 내가 저를 챙기는 것이 아니라 그 애가 나를 챙겼다. 다른 친구들에 비해 엄마의 나이가 많다고 느껴서 인지도 모른다. 바람이 몹시 부는 날 초등학교 저학년인 딸은 학교 가다가 전화를 했다. 베란다 화분을 내려놓으라고, 제가 할 일을 알아서 하는 것을 보고 동생들은 언니는 딸을 하나 거저 얻었다고 했다.

초등학교 다닐 때 이웃에서 유학 보낸 집 아들딸의 중 고등학생 책을 얻어다 주었다. 그 책을 보고 공부해서 검정고시를 했다. 열여섯 살에 Y대 경제학과에 최연소 합격했다. S대는 못 갔지만, 그냥 가라고 했다. 어린 나이에 수능 공부하는

게 안쓰러웠다. 대학에 입학하고서는 같은 과 학생들이 네다섯 살 위이니 친구가 없어서 걱정이었다. 대학 생활을 제대로 할 수 있을까! 함께 어울리지 못하면 어쩌지, 미성년자라고 주점에도 들여 보내주지 않는다는데, 학교에 갔다가 집에 일찍 오면 놀다 오지 왜 벌써 왔느냐고 했다. 과 학생들을 대구 언니, 광주 언니 하면서 학교에 다녔다. 딸은 나이는 어리지만, 키가 컸다. 걱정하는 우리에게 "엄마 나를 누가 열여섯 살이라고 봐." 하면서 대학을 졸업하고 대학원에 갔다.

친구가 없어서 걱정했는데 두 자매가 극장도 같이 가고 공연도 함께 가고 친구 자리를 대신에 해주었다. 어느 날 문밖에서 유진이 친구라고 인사를 하는 사람이 있었다. 그 사람이 남자 친구였다. 우리의 염려와는 다르게 같은 과 학생 남자 친구가 생긴 것이다. 남편과 나는 마주 보고 웃었다. '굼벵이도 구르는 재주가 있다더니, 친구가 없다고 걱정했는데 뜻밖이었다. 그 애들 둘은 그 후 대학원 마치고 미국에서도 오라고 했지만, 캐나다로 유학을 떠났다. 집안 사정을 안 딸은 집에서 학비와 생활비를 보내지 않아도 되는 학교를 택했다.

캐나다 정부 공무원으로 사위와 함께 같은 직장에 취직하고 승진도 했다. 융자도 받았지만, 저희 힘으로 오타와에 집도 마련하였다. 그 애들은 사귄 지 십 년도 더 되었다. 코로나 19 때문에 결혼을 못 하고 있다가 지난해 오월에 결혼식을 하고 캐나다로 돌아갔다. 그리고 우리가 올 삼월에 두 번째 다녀왔다. 자식 걱정 끝이 없는가, 시댁에서 손자를 기다리고 있었다. 일 년이 지나자 나도 기다려졌다. 추운 곳에서 공부하느라 몸이 차가워져서 아기가 생기지 않나 하는 생각도 들었다. 한번은 전화해서 너희들 재택 근무할 때 아기 낳아서 기르면 좋겠다고 했다. 딸은 좋은 소식이 있을 거라 했다.

우리나라는 아기를 낳지 않아서 인구 감소로 걱정인데 그곳 앞집은 아이가 다섯 명이란다 우리가 딸 집에 갔을 때 아빠하고 같이 눈 치우는 것을 보았다. 화목해 보였다. 옆집은 이탈리안이 사는데 세 명이라고 했다.

추석이 지난 후 딸에게 전화가 왔다. '엄마 내년 사월에 손주가 하나 더 늘 것 같아요.' 병원 가서 기형아 검사하고 이상 없다 하여 전화했단다, 안도의 숨이 쉬어졌다. 시어머니께서 기쁨의 눈물을 흘리셨다고 했다. 매일 막내라고 어리다고 생각했는데 아기를 가졌다니 아기가 아기를 가졌다.

배냇저고리를 이제 막내딸에게 주어야겠다.

사랑의 보따리

2019년 가을, 이번 여행은 캐나다에 공부하러 가 있는 막내딸을 만나러 가니 설렌다. 딸이 공부하러 간 지도 벌써 7년은 되었지만, 학위 받을 때까지 마음이 쓰일까 봐 가지 않았다. 남편은 노트북을 펴놓고 열심히 여행 계획을 짜고 있지만 나는 여행보다 딸에게 가져다줄 따듯한 옷과 밑반찬에 더 마음을 쓰고 있다. 눈도 많이 오고 추운 곳으로 떠나는 딸에게 제대로 된 방한복과 이불을 사주지 못해 늘 마음이 쓰였다. 날짜가 가까워지자 김치부터 밑반찬 준비로 분주하다.

딸이 오타와에서 다섯 시간 걸려 토론토공항으로 마중 나오면 나이아가라 폭포와 토론토 시내, 천섬을 여행하고 사흘 후나 집에 가서 짐을 푼다니 반찬을 미리 만들어 놓을 수도 없었다. 딸은 많이 해오시 말라고 하지만 짐을 싸보니 둘이 가져갈 수 있는 만큼의 무게가 찼다. 공항에 가면 사람들이 이민 보따리처럼 짐이 많은 것은 모두 사랑의 보따리라는 걸 이제야 알았다.

토론토공항에서 마중 나온 딸을 만나 나이아가라 폭포에 도착하니 밤이었다. 폭포의 야경이 굉음과 함께 신비한 빛으로 환상이다. 세계 3대 폭포를 다 만나는 순간이다. 감격이었다, 특이한 것은 이 폭포는 도시와 접해 있었다. 맨 먼저 남미의 이구아수 폭포를 보고 다음에 아프리카 잠비아와 짐바브웨서 빅토리아 폭포를 보았다. 천둥 치는 장쾌한 소리와 물보라와 무지개는 물의 축복이었다. 근처에서 카지노도 가 보고 다음 날 다시 나이아가라 폭포로 나가서 구경하고 배도 탔다. 딸과 함께여서 든든하고 더 좋았다.

나이아가라 폭포의 강줄기를 따라 넓은 공원으로 갔다. 눈부신 가을 햇살 아래서 노인들이 악기를 연주하면서 노년을 즐기는 것이 여유로워 보인다. 준비해간 것으로 점심을 먹고 나이아가라강의 청옥 같은 물줄기를 바라보니 마음의 평화가 찾아온다. 그곳이 우리가 어려서 불렀던 메기의 추억, 애절한 사랑이 깃든 곳이다. 가다가 온타리오 호수가 있는 곳에 차를 멈추었다 이렇게 끝이 보이지 않는 호수는 처음이다. 바다 같은 호수에는 거센 바람이 일어 파도가 친다. 다시 차에 올라 토론토로 향했다. 늦어서 단풍이 다 떨어졌을 줄 알았는데 아직은 길가에 단풍이 황홀하다.

토론토에 도착하자 딸은 여행 계획을 빈틈없이 세웠는지 저녁을 먹고 잠시 야경을 보러 가자고 한다. 차를 타고 시내가 잘 보이는 곳으로 야경을 보러 갔다.

호수 건너 토론토 시내가 별처럼 반짝인다. 밤인데도 호숫가에는 웨딩 촬영을 하는 사람이 있다.

다음 여정지, 천섬을 향해 가는데 비가 오기 시작한다. 선착장에 도착하니 비가 그쳤다, 작은 섬들이 더 운치 있고 아름답게 보인다. 맨 먼저 보이는 천사가 살 것 같은 작은 성당, 물 위에 동동 떠 있는 별장들, 그중에 하트섬이라는 볼트성은 미국의 백만장자가 아내에게 줄 선물로 짓다가 아내가 죽어서 미완성으로 남아 있다. 아내에 대한 사랑이 담겨서 더 아름다워 보인다. 인도의 타지마할은 죽은 아내를 위해서 지어졌다면 볼트성은 살아 있는 아내를 위해서 지었다니 대조적이다. 그토록 남편에게 사랑받은 아내들의 처신이 궁금하다.

천섬을 보고 오타와로 가서 딸 집에 도착하여 짐을 풀었다. 학위를 받고 직장은 다니지만 아직은 가난한 학생이나 다름없이 살고 있다. 짐을 푸니 김치부터 봉지, 봉지 가짓수도 많다. 모두 사랑의 보따리다. 이번에 밑반찬도 따듯한 옷도 내가 가지고 갈 수 있을 만큼 가지고 갔다. 그것은 결국 딸을 위해서라기보다 내 원풀이를 했으니 나를 위한 것이다. 나무로 된 베란다에 김치를 내놓으라고 하니 밤에 비상계단으로 너구리가 올라와 통을 뜯는다고 한다. 화분에 길러 놓은 방울

토마토, 가지도 너구리가 따먹었다고 한다. 주거지에서 자연을 가까이하며 사는 것 같다.

헬러윈날이 가까워서인지 집 뜰을 모두 호박과 귀신 인형으로 장식해 놓았다. 고운 단풍이 있어서 더 잘 어울린다. 딸이 가끔 산책한다는 농업 시험장도 걸어서 가보니 평지가 끝도 없이 넓다. 하루는 강가로 나가 국회 의사당까지 걸었다. 색색의 단풍이 잔디 위에 무늬를 만들었다. 길을 걷다 보면 구스도 떼 지어 평화롭고 동물도 대접받고 살기 좋은 나라임에는 틀림없는 것 같다.

퀘벡과 몬트리올을 여행하고 몬트리올에서 딸과 헤어져 뉴욕으로 가는 국제버스를 탔다. 딸은 염려되는지 드라이버에게 부탁한다.

버스를 타고 가다가 알바니라는 곳에서 내려 입국 신고를 하고 뉴욕으로 가는 산길을 7시간 달렸다. 푸른 소나무 사이 누런 갈잎, 옹기종기 서 있는 바위들 흐르는 계곡물, 좁은 산길 풍경이 꼭 우리나라 국도를 달리는 것 같다.

딸아 고향이 그립거든 이 산길을 달려 보렴, 딸을 만났지만 그리움은 더 커진다.

명절 여행

무더위가 지루하던 차, 큰딸 수화가 추석 연휴에 동해안으로 여행을 갈 수 있느냐고 물어본다. 기다렸다는 듯이 좋다고 했다. 엄마 가고 싶은 곳은 어디냐고 하기에 안반데기에 가 보고 싶다고 했다.

생각도 해보지 않고 간다고 대답해 놓고 명절 여행이라 이것저것 마음이 쓰인다. 모든 것 내려놓고 떠날 각오가 되어 있어야만 가는 거야, 마음을 가는 쪽으로 기울여 본다. 추석 차례는 성당에서 연미사로 드리고, 명절 전에 해야 할 일들을 챙겼다. 남편은 옥상에 화초가 마를까 봐 마음이 쓰이나 보다. 가는 날 물을 흠뻑 주었다. 나의 마음은 어느새 푸른 바다 파도 소리를 들으며 동해안을 거닐고 있다.

가는 날은 부슬비가 내려 우산을 쓰고 손자 둘과 낙산사와 홍련암을 걸었다. 해무가 자욱해서 먼바다는 보이지 않지만 뜨거운 햇살이 쏟아지는 것보다 좋다. 첫날 저녁은 금진항이 보이는 언덕에서 뷔페로 저녁을 먹었다. 딸은 해물이 싱싱하다고 해서 여기에 정했다고 했다. 부모님을 모시고 가족 여행 온 사람들이 보인다. 큰사위도 어머니를 모시고 일본 여행을 갔다. 명절 문화도 많이 변해가는 것 같다.

먹을 것을 준비해 오지 말라고 했는데 명절 음식을 조금 해서 가지고 온 것이 후회됐다. 상할까 봐 신경이 쓰였다. "호텔 뷔페를 먹을 거라고 이야기를 했어야지 콘도 가는 줄 알았지." 딸에게는 못하고 남편에게 말을 했다. 남편은 부모의 마음이 그런 거라고 한다.

다음 날 손자들이 좋아하는 레일바이크를 타러 정동진역에 갔다. 이른 시간에 갔는데 줄이 길다. 운이 좋아 모두 함께 타고 해안을 달리니 올여름 무더위가 다 날아가는 것 같다. 오래전에 걸어 본 부채 길도 걸었다. 바다 입구에 전에 없었던 인어 아가씨가 아름다운 몸매로 서 있고. 전설 품은 바위들이 가슴속까지 시원한 풍경을 만들어 준다.

오는 날 아침 안반데기를 향해 구불구불한 숲길을 차도 숨이 찬 듯 오른다. 안반데기는 해발 천백 미터에 고랭지 배추밭이 끝없이 넓고, 봄이면 감자꽃 호밀밭이 천상의 화원이고, 밤이면 별을 많이 볼 수 있는 곳이라고 해서, 가 보고 싶었다. 풍력 발전기가 푸른 하늘에 풍경을 만든다. 싱싱한 초록 배추밭을 상상하며 간다. 배추밭은 상상외로 넓다. 배추밭이 산이고 산이 배추밭이다. 차에서 내려 배추밭 샛길을 걷는 순간 이게 어찌 된 일인가, 배추 겉잎은 누렇게 마르고 배추는 썩어서 냄새를 풍기고 널브러져 있다. 자세히 보니 성한 것이 한 포기도 없다. 추석 무렵 출하할 배추 수확을 포기했다. 몇백 차는 족히 될 것 같다. 멍하니 안반데기를 바라본다. 그 많은 배추가 밭에서 울고 있는 듯하다. 추석 무렵 배추 한 포기가 이삼만 원 했던 이유를 알았다. 기후변화 때문이다. 이 정도면 금 사과에 금 배추다.

날씨가 고온다습해서 배추가 속에서 열이 나서 무름병에 걸려 모두 썩은 것이다. 기후변화는 고랭지 배추가 자라는 안반데기까지 덮쳤다. 할아버지 농부가 날씨가 뜨거워서 생긴 병이라고 한다. 정성 들여 가꾼 배추가 썩고 있으니 그 마음을 누가 알랴, 작은 체구의 농부가 측은하다. 양식장 물고기도 폐사하고 빙하는 녹고, 며칠 전 신문에서 '지구 열탕 화 폭염 살인'이라는 기사를 읽고 섬뜩했던 생각이 난다, 지구가 끓고 있다. 기후는 인간의 삶 바깥에 있는 것이 아니라 인간의 삶 속에 있는 것이라고 느끼며 안반데기를 내려온다.

그리고 다음 여정지 상원사 적멸보궁으로 향했다. 상원사 가는 길에 푸른 숲과 계곡의 맑은 물소리가 들린다. 여기는 더위와는 먼 천국 같다. 낭랑한 염불 소리 들으며 돌계단을 오른다. 다람쥐의 귀여운 몸짓 떨어진 도토리를 보며 가을이 가까이 와 있음을 느낀다. 앞서가던 손자들 둘이 보이지 않는다. 의자에 쉬고 있어 가까이 가 보니 큰손자 명진이가 울고 있다. 학원을 오가며 앉아서 공부만 하던 아이가 힘든 것이다. 딸이 달랜다. 모퉁이만 돌면 목적지에 다 왔다고, 여기서 가던 길을 멈추면 오지 않은 것만 못하다고, 손자는 용기를 내어 다시 일어선다.

이번 명절 여행은 손자들과 함께여서 행복했다.

남해에 가다

설 다음 날 무궁화호 기차를 타고 부산에 갔다. 올해 백 세를 맞는 시어머님 생신이다. 형제들이 모여 생신 축하를 해드리고 우리는 부산까지 간 김에 시누이네 와 함께 남해 여행을 하기로 했다.

제일 먼저 들른 곳은 사천만에 있는 남편의 고향이다. 고향 방지마을이 사라진 지 오래다. 공단이 들어서서 집터도 찾기가 쉽지 않아 기억을 더듬은 뒤에야 찾았다. 집 앞의 바다도 해안도로가 생겨 멀리 보이던 섬이 가까이 보인다. 남편은 바다가 좁아진 것 같다고 한다. 바다는 잔잔하다. 깊은 속마음을 지닌 사람처럼, 오랜만에 찾아온 우리를 아는지 모르는지, 망둥이 낚시를 해서 회무침을 한 양푼씩 해 먹었다던 남편의 추억의 바다다.

그 바다는 굴도 많이 나고 백합, 바지락, 파래, 감태, 재첩도 많아 먹거리의 보고(寶庫)였다. 시누이는 요즈음 몸에 좋다는 것이 많이 나왔다고 공단이 들어선 것을 아쉬워한다. 그래서 어머님은 백 세인데도 건강하신가 보다. 언젠가 시댁에 갔을 때 재첩을 가마솥에 삶아 뽀얀 국물은 먹고 건더기는 닭을 주었다. 재첩을 먹고 낳은 달걀은 맛이 있었다.

무지개 해안도로를 달리며 이순신 장군 유적지, 거북선을 바다에 처음 띄운 곳에서 쉬어 가고 비탈진 곳에 옹기종기 모여 사는 어촌 마을을 보면서 남해를 간다. 사천 해상 케이블카를 탔다. 케이블카는 한려수도와 죽방멸치 어항을 내려다보고 각산에 오른다. 중간쯤 절 옆을 지나간다. 시누이네가 먼저 왔을 때 플래카드에 '케이블카 타는 사람은 삼 년 동안 재수가 없다'라고 쓰여 있어서 마음이 언짢았다고 한다. 그런데 그 후 해석을 달리했는지 입시생 엄마들이 '재수 없다' 하니 케이블카를 많이 타러 왔다고 한다. 보상 문제가 제대로 이루어지지 않았는지 모르지만, 다수를 향해 수행하는 스님이 이런 악담을 한 것은 잘못이라는 생각이 들었다.

각산 정상에서는 아름다운 섬들도 보이지만 뒤로 와룡산이 멀리 보인다. 남편이 열세 살 때 삼십 리 길을 나무하러 다녔다는 산이다. 중학교에 못 가고 나무를 하면 집안에 도움이 될까 해서였다. 그러면서 밥상머리에서 중학교를 보내 달라고 부모님을 졸라서 다음 해에 갔단다.

독일 마을에 들러 차 마시며 멀리 보이는 방조어부림을 본다. 방조어부림은 삼백여 년 전 조성된 천연기념물이다. 마을 사람들은 이 숲이 해를 입으면 마을이 망한다고, 일제 강점기 때는 총칼과 맞서면서 잘 보호해 왔다. 숲은 강한 해일도 막아 주지만 고기떼를 유인하기도 한다니 선조들의 지혜가 엿보인다. 가까이 가 보았다. 방조어부림은 시월이면 고사 지내는 당상 나무도 있고 팽나무, 느티나무. 푸조나무, 이팝나무 등, 십 칠종, 이천 그루의 나무가 자라고 있다. 나무들은 모두 보호수여서인지 번호표와 이름표도 달고 있다. 겨울이라 잎이진 기품 있는 나무들이 멋진 풍경이다.

바닷가 비탈진 곳의 펜션에서 아침을 맞았다. 어제 늦은 밤부터 비가 온다. 어젯밤 반짝이던 바다 건넛마을은 해무에 가려 보이지 않는다. 가까이 고사리밭이 있고 계단밭에 시금치가 파랗게 자라고 파와 배추도, 얼지 않고 그대로다. 아침을 먹으러 좁은 돌계단을 올라갔다. 비닐하우스에 난로 피워 놓은 곳이 식당이다. 천장은 열매가 달린 나무로 장식해 놓았고 겨울 빗소리가 운치를 더했다. 샌드위치와 예쁘게 차린 채소와 음료, 분위기 있는 음악을 들으며 먹으니 이보다 더 한 호강이 없다.

비가 와도 여행은 계획대로 하기로 했다. 상주 은모래 해변이 아름답다. 파도가 거의 없다. 언덕에 올라 해변을 한눈에 바라보니 여름에 다시 오고 싶어진다. 다음은 마지막 예정지 보리암에 가려고 금산에 올라간다. 붉은색 단풍이 떨어지지 않고 나무에 붙어 있다. 숲이 가을 풍경이다.

금산에 도로가 생기기 전 남편은 고등학교 다닐 때 빵 몇 개 싸서 상주 은모래 해수욕장에서 두세 시간씩 걸어서 보리암에 갔었다고 회상했다. 중간쯤 올라가는데 비가 눈으로 바뀌었고, 주차장에는 생각보다 많은 차가 와있었다. 눈보라가 세차게 몰아쳤다. 세 번 와서 기도하면 한 가지 소원은 꼭 들어준다는 해수 관음보살상을 친견하고 소원을 빌고 내려왔다. 눈보라에 가려 바위도 바다도 보이지 않았지만, 눈 오는 보리암과 남편의 고향 방문은 오래 기억에 남을 것 같다.

정선에 가다

오랜만에 친구 집에 셋이 모였다. 한 친구가 여름 여행으로 정선 오일장과 아우라지와 강원랜드 카지노에 가보자고 한다. 정선은 우리에게 아름다운 정서로 다가오는 곳이다 굽이굽이 산길을 돌아야 하는 절경이 기다리고 있고, 오일장에 가면 높은 산에서 산나물을 뜯고 약초를 캐서 파는 들꽃 같은 사람들을 만날 수 있을 것이다. 또 구슬프고 구성진 정선아리랑 가락이 듣고 싶어지는 곳이다.

겨울이면 대부분 연탄으로 겨울을 나던 시절이 있었다. 정선 사북과 고한은 석탄 산지, 탄광 지역으로 호시절을 누리던 곳이다. 시대의 변화에 따라 석유가 연료로 대체됨에 따라 사북, 고한 탄광이 하나둘 문을 닫았다. 광부의 일자리가 없어지자 인구가 줄고 탄광 지역 경제가 사양길로 들어섰다. 그래서 지역 경제를 살리기 위해 1995년 탄광 지역 개발 촉진 특별법을 만들어 2000년 10월에 카지노를 개장했다. 내국인이 합법적으로 출입하는 카지노는 이곳 하나뿐이다. 소비, 향락 문화가 자리 잡자 현지인이 드나드는 문제점도 있다. 노동의 가치가 사라지고 한탕주의가 지역 문화 속에 스며든 것이 아픈 대목이다. 도박은 또 다른 문명의 얼굴이다.

휴가철이라 길은 막혔지만 수려한 풍광을 바라보면서 지루한 줄 모르고 갔다. 굽이굽이 물 맑고 청량한 계곡에서 정선아리랑 한가락 들려오는 듯하다.

먼저 카지노에 도착하여 입장권을 사는데 주민증도 보자고 한다. 그리고는 공항처럼 보안 검색대와 금속 탐지기도 통과한다. 처음인 나는 왜 이렇게 검사를 해야 하나 의아했다. 카지노 게임장에 들어서니 휘황한 불빛이 눈을 혼란스럽게 한다. 빈자리가 없어 이 층으로 올라갔다. 그곳에도 북적인다. 돈을 주고 칩으로 바꾼다. 친구도 약간의 돈을 바꾸었다. 이곳에서는 돈이, 돈이 아닌 것 같았다. 돈의 가치가 땅에 떨어진 낙엽처럼 이리저리 주인을 옮겨 다닌다.

딜러의 손이 현란하다. 사람이 많아 어깨너머로 구경하다가 화장실에 갔다. '선녀의 된장찌개' '한여름 밤의 꿈'이라는 책자가 꽂혀있어 들고 나왔다. 도박 중독 예방 만화였다. 한 주부가 도박에 중독되어 가정이 파탄 나고 아들은 엄마가 끓여주는 된장찌개가 세상에서 제일 맛있다고 기다린다. 그러나 엄마는 도박에 중독되어 돌아가지 못하고 중독 관리 센터의 도움으로 희망을 찾는 내용이다.

오래전에 상영된 '타짜' 영화가 떠올라 다시 보았다. '먹을 만큼 먹으면 눈 딱감고 일어나라' 노름판에서 벌어지는 사기꾼과 조폭들의 잔인성, '도박하면 돈 잃고 가족 잃고 영혼을 잃는다' 타짜의 말이다.

얼마나 많은 사람이 일확천금을 꿈꾸다 절망으로 굳어가고 가정이 깨지고 도박 때문에 불행해졌을까? 라스베이거스에 갔을 때 여행안내자 이야기가 생각난다. 어떤 사람이 돈을 좀 따니 가족을 데리고 아예 그곳으로 이사를 했다고 한다. 힘들이지 않고 일확천금을 꿈꾸던 그는 얼마 가지 않아 전 재산을 다 잃었다. 한여름 밤의 꿈이었다. 갈 곳이 없는 그는 뷔페에서 버리는 음식을 지하 삼 층에서 먹고 산다고 했다.

구경하다 보니 중독된 사람이 보였다. 모자를 눌러 쓰고 수염은 덥수룩하고 힘이 없어 보였다. 여자도 있었다, 얼굴은 혈색이 없고 건강까지 잃을 것 같았다. 사람들 표정이 어둡다. 게임을 즐기러 온 것이 아니라 도박을 하러 온 것이라 그런지 모른다. 밖에 나오니 회색의 높은 산이 옛 탄광을 말해주고 있다. 사북 읍내는 온통 전당포 간판이 도배한 듯하다. 도박의 말로가 눈에 보인다.

옛날에는 화투로 사랑방에서 도박을 많이 했다. 노름한다고 하기도 했다. 사랑방이 카지노였다. 남편은 할아버지가 도박해서 자고 나면 외양간에 소가 없어졌다고 했다. 그래서 절대 도박은 하지 않는다고 한다. 소뿐이겠는가, 땅을 판 사람도 많고 패가망신한 사람도 많다. 어찌 도박 중독뿐이겠는가! 마약 중독, 알코올 중독, 스마트폰 중독, 쇼핑중독, 등 중독 없는 사회가 건전한 사회인데 우리는 너무 중독의 유혹이 많은 사회에 산다. 재미에 영혼을 빼앗겨 그것으로 위안을 얻으려 하면 중독에 빠진다.

오는 길에 정선 오일장에 들렀다, 강원도 향토 음식, 감자 옹심이 콧등치기 국수를 먹었다. 특산물인 황귀, 더덕과 말린 산나물도 사가지고 집으로 향했다. 꼬불꼬불한 산길, 하늘에 닿을 듯한 초록산을 바라보며 여러가지 중독에 관해 다시 한번 생각해 보았다.

3

사람이 풍경이다

에티오피아

두바이에서 홍해 바다를 건너 에티오피아 아디스아바바에 아프리카 여행 첫발을 디뎠다. 아디스아바바는 해발 2.400m 고원의 도시이고 에티오피아 말로 새로운 꽃이라는 뜻이다. 적도가 가까워 날씨가 더울 것으로 염려했는데 우리나라 늦봄 날씨다. 에티오피아는 우리나라의 6·25 참전국이고 기독교를 받아들인 지 3.000년이 되며, 아프리카에서 유일하게 식민 지배를 받지 않은 자긍심 강한 나라다. 사람들의 피부도 그리 검지 않고 초콜릿 색이다. 레게머리로 한껏 모양을 낸 아가씨들은 다리가 길고 아름다웠다.

이튿날 동아프리카에서 제일 크다는 멜까도 재래시장에 갔다. 청년 한 사람이 시장을 안내한다고 따라온다. 눈에 보이는 것은 모두 신기하지만, 흙먼지와 혼잡과 무질서 때문에 숨 쉬며 다니기가 어려웠다. 큰 상점도 있지만, 노점의 상인들은 대부분 허접스러운 물건 몇 개씩 가지고 나와 파는 사람들이다. 다 팔아도 돈이 얼마 되지 않을 것 같다. 처음 보는 물건도 많고 사람들도 낯설다. 어떤 사람은 나뭇잎이 붙어 있는 나뭇가지를 파는데 그것은 칫솔 대신 이를 닦는 나무이다. 생콩 같은 것이 달린 연두색 식물 가지는 그들의 간식인가 보다. 들고 다니며 날것을 맛있어 하며 따먹는다. 나에게도 먹어보라는 눈짓이다. 시장 풍경을 휴대폰을 꺼내 사진을 찍을 수도 없다. 조심해야 하기 때문이다. 어느 정도 둘러보고 시장을 빠져나왔다.

박물관 가는 버스를 타고 인간의 조상이자 최초의 인류 화석, 루시를 만나러 가기 위해서다. 1974년 에티오피아 강가에서 발견된 루시는 약 318만 년 전에 살았다고 한다. 여성인데 키 1m에 몸무게는 27kg에 불과하고, 연구 결과에 의하면 포식자를 피하려고 주로 나무 위에서 살았다고 한다. 쫓기며 살았을 왜소한 그를 보니 가련한 생각이 든다.

길에는 구두 닦는 사람이 많다. 유심히 보니 물통을 옆에 놓고 운동화를 주로 닦고 있었다. 호텔에서는 발가락 끼는 슬리퍼를 실내화로 주었는데 한 짝은 주황색 한 짝은 파란색이다. 짝짝인 줄 알았는데 제 짝이다. 신발은 양쪽이 같아야 한다는 나의 고정관념이 바뀌는 순간이다. 나에게도 다리 색이 다른 안경이 있는데 짝짝이라 생각하지 말고 사용해야겠다. 운전대는 물론이고, 더운물과 찬물의 위치, 수돗물 트는 방향, 우리와 반대되는 것이 많았다. 다름을 배우는 순간이다.

다음 날부터는 차를 빌려서 에티오피아 북쪽을 9일간 도는 여정이다. 바흐누다를, 곤다를, 시미엔산 트레킹, 악숨, 곤

볼차, 랄리벨라, 메켈레에서 아디스아바바로 돌아오는 것이다. 북쪽이 순수한 원주민이 살고 있어서 가장 에티오피아답다고 운전기사가 이야기해 준다. 이곳 북쪽 랄리벨라에 아프리카의 예루살렘이라고 하는 바위굴교회가 있고, 다른 곳에도 오벨리스크 등 유적이 있었지만, 유적보다는 생활 모습과 '사람이 풍경'이었다. 꼬불꼬불한 산길을 달리면서 차창 밖 풍경은 나에게 다 신기한 구경거리였다.

무거운 짐을 지고 먼 길을 가는 당나귀, 그 뒤를 따라가는 주인의 행색이 남루하다. 말 마차를 꾸며 사람을 태우고 가기도 하고, 뿔이 활같이 긴 소 떼도 처음 본다. 세상을 아무것도 모를 것 같은 오지 어린 목동들과 길가에 숯장수, 나무를 이고 지고, 시골 아낙네들의 고된 삶 속에는 인내가 느껴진다. 아이도 많이 낳고, 어쩌면 피임이 일반화되지 않아서인 듯하다.

시간을 거꾸로 돌려보니 옛날 우리 어머니들의 모습이다. 할머니 할아버지가 그렇게 사신 것 같다, 그들의 남루하고 소박한 행색, 열악한 환경의 생활 모습, '사람이 풍경이다.' 가다가 차가 서면 어디서 모여들었는지 아이들이 몰려온다. 그들은 나를 구경하고 나는 그들을 구경한다. 서로가 구경거리다. 어린아이는 내가 무서운지 오라고 하니 맨발로 뒷걸음친다.

대부분 그들은 정교회를 믿는데 특이한 것은 교회에 갈 때 머리도 흰 천으로 감고 흰옷을 입고 간다. 유네스코 세계 문화유산에 등록된 석굴교회를 가는데 먼지 날리는 좁은 외길

뿐이다. 비포장도로를 몇 시간이나 가는지 모르겠다. 산이 높은 지형이나 산 위가 평평한 농지이다. 나무는 없고 산전 밭은 대부분 이들이 주식으로 먹는 인제라 밭이다. 가을 색이 완연한 밭은 수확이 한창이다. 소 3, 4마리가 빙빙 돌면서 밟게 해 원시적인 방법으로 털고 있다. '인제라'는 자잘한 풀씨 같은데 그 가루를 약간 발효시켜 부침처럼 부쳐서 고기나 채소를 요리해 얹어서 손으로 먹는다. 메밀가루 같은 색이며 부드럽고 새큼한 맛이다. 참 특이한 것을 주식으로 먹고산다.

커피와 차를 먹기 시작한 지 오래된 나라다. 커피는 호리병 같은 곳에 숯불로 끓여 아주 작은 잔에 판다. 먹어보니 우리나라에서 먹던 것과는 다른 맛이다. 색은 진한데 쓰지 않고 별맛을 느낄 수 없었다. 노란 통이 줄 서 있어 물통인 줄 알고 물어보니 우유를 모아서 우유 공장에서 가져가는 것이란다. 값이 싸서 목축하는 사람들의 생계가 걱정되었다. 먹는 것이 귀한 것 같았다. 노점도, 어디에도 길거리 음식이 없었으며 아이들은 많은데 먹는 모습을 보지 못했다.

시미엔산 트레킹 할 때는 긴 장총을 멘 경호원과 함께했다. 동물이 나타나면 우리를 보호하기 위해서다. 난 언제 총을 멘 경호원과 트레킹을 해보겠느냐며 사진 한 장을 남겼다. 산등성이 장이 서는 곳에 가 보았다. 흙먼지 위에 양파와 감자, 마늘, 생강, 고추와 같은 낯익은 것을 판다. 포장된 고춧가루를 샀는데 그들이 좋아하는 향료가 섞여서 먹을 수 없었다. 많은 사람이 당나귀에 곡물을 싣고 와서 물물 교환을 하고 일찍 집으로 돌아간다. 돌아갈 길이 멀어서인 것 같다. 트럭에 많은 사람을 태워서 산길을 곡예 하듯 달리기도 한다.

아이는 페트병을 잘라 병뚜껑으로 바퀴를 단 장난감 자동차를 막대기로 밀고 다니며 즐겁게 논다. 손자의 많은 장난감 생각이 났다. 시골 아이들은 대부분 학교에 다니지 않는 것 같았다. 한 아이는 나무 밑에서 동생에게 글을 가르쳐 주고 있다. 가지고 간 연필과 펜을 주고 예뻐서 사진도 남겼다.

집은 대부분 유칼립투스 나무를 엮어 흙을 바르고 둥근 원통형에 지붕은 초가집과 양철지붕이다. 아이는 6명에서 12명 낳는다는데 그 좁은 집에서 어떻게 사는지 궁금하다. 노점도 시장 좌판도 유칼립투스 나무를 걸쳐 놓고 찢어진 천으로 햇빛을 가렸다. 유칼립투스 나무는 오스트리아가 원산지인데 베어서 쓰면 그루터기에서 다시 자라는 생장이 빠른 키가 큰 나무이다. 에티오피아 사람들은 생활에서 이 나무를 떼어 놓을 수 없는 것 같았다. 역사가 있는 유적보다 사람이 풍경인 에티오피아 북쪽을 돌면서 시간을 수없이 거꾸로 돌려 더듬어 보아야 했다. 열악한 환경에 살면서도 순박하고 정겹게 느껴져 위안과 쉼을 얻었다.

9일을 우리와 함께했던 운전기사는 영어도 운전도 잘하는데 한 달 월급 7만 원이라고 한다. 결혼했는데 집세 내고 나면 생활이 어렵다고 했다. 그래도 그는 밝았다. 점심으로 내가 준비한 감자와 삶은 달걀, 토마토, 양배추김치를 잘 먹던 그는 집에 가면 한국 음식을 요리해 먹을 거라고 했다. 에티오피아를 떠나며 쓰고 남은 그 나랏돈을 다 주니 다음 여행지, 케냐 가서 쓰라고 사양하던 그가 생각난다. 사람과 사람이 만나 정든다는 것이 가슴 뭉클하다.

사람이 풍경인 에티오피아를 여행하며 나는 어떤 풍경으로 살고 있는지 나 자신에게 질문을 던져본다.

케냐, 나이로비

에티오피아 아디스아바바에서 케냐 나이로비행 비행기에 올랐다. 육로로도 가능하지만, 공항으로 입국하면 비자 받기가 쉽다고 해서 하늘길을 택했다. 이곳 사람들은 에티오피아 사람들보다 피부가 검고 스프링 머리이다. 아프리카라는 것이 실감이 났다. 영화 카렌 블렉션의 '아웃 오브 아프리카'로 세상에 많이 알려진 케냐다. 43개 부족이 모여 살고, 평균 수명이 55세를 좀 넘는다고 한다. 나이로비는 1,676m 고원 도시이고 인도양이 접한 곳은 저지대이다. 지형적 특징으로 커피와 화훼가 발달하고 야생동물이 서식하기 좋은 자연환경을 갖추고 있다. 육상경기를 잘해서 올림픽에서 중장거리 달리기와 마라톤으로 수많은 메달을 획득한 나라이기도 하다.

동아프리카의 관문인 나이로비 조모케냐타 공항이 소박하다. 천장에 모빌을 달아 조금의 장식이 있을 뿐이다. 짐을 찾으니 캐리어 손잡이가 부러져 있다. 다른 젊은 부부의 것도 부서져 있었다. 여행하는 동안 많은 불편이 예상되었다. 안내소에 이야기하니 10불을 받아 가던지 5일 후에 오라고 한다.

나이로비 시내 호텔에 짐을 풀었다. 이름이 아름다워 한 번은 꼭 와보고 싶은 도시였다. 창밖을 내다보니 사람이 많이 북적이고 온통 까만 사람들뿐이다. 까만 세상, 검은 대륙이다. 여인들의 머리는 레게머리이거나 천으로 감쌌다. 머리에 많은 공을 들이고 시간을 투자한 것 같다. 길에는 노점 상인들이 옷을 펴놓고 팔다가 주섬주섬 챙겨 사라진다. 맞은편 현금 인출기 옆에는 무장한 경찰이 지키고, 상가 가게는 방범창이 감옥의 철창을 방불케 했다. 슈퍼에 들어가려고 하니 금속탐지기로 검사를 한 다음 들여보낸다.

여행 떠나올 때 치안의 부재를 많이 걱정하고 온 나라이다. 아름다운 것을 보아야 하는데 높은 담장에 전기 펜스가 자꾸 마음에 쓰인다. 조심을 많이 해야겠다고 생각하고 시내 구경에 나섰다. 시내에는 관공서와 높은 건물이 있는 사다리꼴 안전지대가 있다. 그곳은 사람도 많지 않고 여유롭게 다닐 수 있었지만, 그곳을 벗어나면 사람이 많고 혼잡했다. 저녁에 나가면 피부색이 다른 우리를 쳐다보는 눈길이 다름을 느꼈다.

연말이라 저녁 식사를 나이로비에서 현지식으로 하고 싶어서 마땅한 곳을 찾았지만 찾지 못했다. 머무르는 호텔 레스토랑에서 맥주 한잔 기울이며 송년회 겸 저녁 식사를 했다. 2016년도가 나이로비에서 저물고 뜨거운 새해를 맞이했다.

나이바샤 호수

아침에 일어나니 피곤함이 몰려왔다. 두바이에서부터 먹은 말라리아 예방약 부작용인 것 같다. 부작용이 있으면 먹지 말라고 하던 의사 사위의 말이 생각났다. 약을 먹지 않고 곤충 퇴치제를 바르고 모기를 조심하기로 했다. 호텔에는 모기장이 침대 위에 설치된 곳도 있고, 건기라 그런지 모기가 많지 않았다. 미리 너무 많은 걱정을 하고 온 것 같다.

나이로비에서 대중교통을 이용해서 북서쪽으로 2시간 거리인 나이바샤 호수에 갔다. 호수가 끝없이 넓다. 물빛이 비 온 뒤 강물처럼 약간은 황토색이다. 선착장에는 큰 나무에

물소 머리뼈를 달아 놓아 으스스했지만, 잔디밭에 양들은 평화롭다. 배를 타고 나가니, 하마 떼들이 코를 물 밖으로 내놓고 벌름거리고, 흰 새들이 나뭇가지에 앉아있다. 푸른 하늘과 호수 가운데 고목 나무, 낮게 떠 있는 흰 구름, 이국적인 아프리카 풍경이다. 물고기도 많은 모양이다. 차가운 깊은 물 속에서 어렵게 잡은 고기를 팔고 있다.

현지인이 아이들 둘을 데리고 여행 왔다. 파란색 치마와 꽃분홍 티를 입고 머리를 갈색과 붉은색으로 치장했는데 나에게 친구 하고 싶다고 한다. 그들은 내 나이를 가늠 못 하는 것 같았다. 나도 마찬가지였다. 친구가 되고 싶지만, 언어의 벽에 부딪혔다. 그들은 오바마 대통령이 아프리카 케냐계 사람이라는 것을 자랑스럽게 생각하고 있었다. 나이로비로 돌아올 때, 택시 기사가 호텔을 가리키며 저 호텔에서 그가 자고 갔다고 가르쳐 준다.

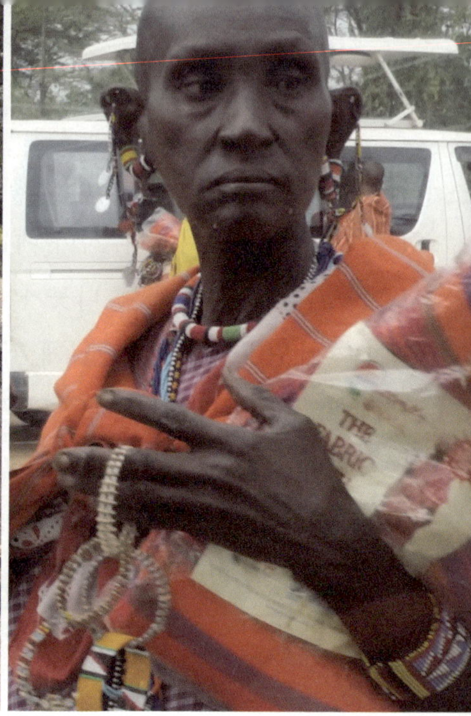

마사이마라 국립공원 동물 사파리

아침 일찍 나이로비에서 지프를 타고 2박 3일 마사이마라 동물 사파리에 나섰다. 준사막을 끝도 없이 달리고 비포장도로를 몇 시간 달렸다. 마을이 가까워지자, 비닐과 페트병이 많이 널려 있어 현대 문명이 지구를 오염시키는 것 같아 걱정되었다. 마사이마라 캠프에 해가 설핏해서 도착했다. 티브이에서 보았던 키가 큰 마사이족들이 긴 다리는 내놓고 원색 천으로 몸을 감고 귀걸이 목걸이를 하고, 긴 칼을 허리에 차고 우리를 맞이한다. 어울리지 않는 것은 휴대폰이 손에 들려있다. 긴 막대기를 호신용으로 가지고 다니며 전통의상을 입은 마사이족, 소 떼를 몰고 가는 모습은 '사람이 풍경이다'

우리가 머무를 곳은 여행 온 사람들을 위하여 만들어 놓은 초가지붕 밑 천막집이다. 현대 문명이 밀려와 이곳은 이미 관광업이 한참이다. 모두 잘살고 있는 것 같았다.

저녁에는 마당에 모닥불을 피웠다. 염소를 잡아 작대기에 꿰어 둥그렇게 세워서 불에 굽는다. 마사이족들이 예로부터 해오던 방식이다. 여러 나라에서 여행 온 사람들이 모닥불 주위에 둘러앉았다. 고기 굽는 냄새가 군침을 돌게 한다. 아이들이 제일 좋아한다. 고기를 먹어보니 맛있는데 질겼다. 국립공원이 근처인지라 동물들이 잠을 자지 못한다고 전깃불은 일찍 끈다. 깜깜한 세상에 하늘을 올려다보니 고요 속에 별들이 무수히 많아 아름답다. 어두움의 선물이다. 잠결에 동물의 울음소리도 적막을 깨고 들려온다.

아침 일찍 뚜껑이 열린 사파리 차를 탔다. 국립공원 입구에 차가 멈추었다. 차창 안으로 마사이족 여인들이 공예품을 사라고 들이민다. 정문을 통과해 흙길을 달리니 제일 연약한 가재울, 누우떼가 제일 먼저 눈에 보였다. 넓은 초원에 해가 떠오르자 촉촉이 내린 이슬이 반짝인다. 대자연에서 만나는 동물들이 한없이 평화롭다. 천국이 이런 곳일까! 욕심을 버리면 저렇게 될까! 동물들은 식량을 쌓아 놓지 않는다. 사나운 맹수도 배가 고플 때는 최선을 다해 취하지만 배가 부르면 먹잇감이 앞에서 꼬리를 흔들어도 관심이 없다. 사람도 저렇게 평화롭게 살았으면 하는 바람이다.

동물을 찾아 넓은 초원을 또 달린다. 얼룩말의 세련된 엉덩이가 예쁘다. 기린, 코끼리, 사자, 사나운 하이에나, 치타 등 많은 동물을 대자연 가까이에서 만났다. 언제까지 이 아름다운 동물들을 자연에서 볼 수 있을지 모르겠다. 이튿날도 전날 가지 않았던 길로 동물을 찾아 나섰다. 부지런한 동물이 일찍 풀을 뜯고 있다. 떠오르는 태양이 눈 부시다. 소시지 나무가 이국적이다. 소시지처럼 생긴 열매가 달려서 붙여진 이름인데 아프리카에서는 이 열매로 맥주도 만들고 샴푸나 화장품, 약재로도 쓴다고 한다. 사람에게 많은 이로움을 주는 나무가 신기하다.

같이 사파리 차에 탔던 외국인 모녀는 동물들이 놀란다고 아주 작은 목소리로 조심스럽게 이야기한다. 동물에게 예의를 지키는 것 같아서 정말 동물을 사랑하는 사람들인 것 같았다. 여러 동물을 대자연에서 만나고 나이로비로 돌아오는 차 안에서 맹수들까지도 평화롭던 모습이 떠오른다. 그 모습은 쌓아 두지 않으려는 만족감에서 비롯된 것임을 알았다. 맹수에게 배운 교훈이다.

탄자니아, 아루샤

케냐 나이로비에서 마사이마라 국립공원 동물 사파리를 다녀와서 탄자니아 아루샤라는 곳에 왔다. 버스로 8시간 걸렸다. 조그만 도시이다. 킬리만자로산이 80km 정도에 있다. 세렝게티 국립공원, 세계에서 제일 큰 분화구 응고롱고로와 마니아라 호수 등이 있어 동아프리카 관광의 중심지 중 한 곳이다.

깨끗하고 조용한 예약된 숙소를 찾아갔다. 단층집이다. 직원 아가씨들이 식사하다가 눈 맞춤으로 인사를 한다. 관능미가 넘친다. 검은 사람들이 익숙해질 때도 되었는데 여전히 낯설다. 짐을 내려놓고 시내 구경을 나갔다. 남편이 사진을 조심해서 찍어야 한다고 알려준다. 이곳 사람들도 마사이마라 사람들처럼 혼이 빠져나간다고 사진 찍는 것을 싫어한다고 한다.

박물관이 가정집처럼 아담하다. 아프리카에 와서 묘지를 보지 못했는데 시청 담 옆에 공원묘지가 있다. 시청을 둘러보고 정문 옆에 작은 식당이 있어서 이곳 음식을 먹어보려고 들어갔다. 밥이 아니라 쌀가루 찐 것과 양고기 볶은 것, 삶은 채소, 콩조림을 식판에 준다. 거부감 없이 맛있게 먹었다. 훌륭한 영양식이다. 돌아오는 길 재래시장에 들렀다. 흙먼지 위에 보자기를 펴놓고 팔지만, 토마토, 감자, 푸성귀 등이 비료와 농약을 주지 않고 자연으로 키워서인지 맛이 있다.

여행사를 통해 2박 3일 국립공원과 만야라 호수에 갔다. 초원이 아닌 밀림에 코끼리 원숭이 기린 등이 살고 있었다. 내가 상상하던 아프리카다. 이곳은 동물들이 사람보다 풍요롭고 평화로워 보였다. 누가 아프리카를 물이 부족하다고 했던가! 만야라 호수는 끝이 보이지 않게 넓고 많은 홍학이 흰 점들처럼 보였다. 늪에는 하마도 아름다운 새들도 많았다. 숙소로 돌아오는 길옆과 기념품 가게에는 그림과 조각이 많이 진열돼 있어 예술인 마을 같았다. 그림이 단순하다고 생각했다. 그러나 아프리카 미술은 피카소도 영향을 받고 우리나라 김환기 그림 밑에도 깔렸다고 한다.

숙소가 텐트이다. 야영하는 느낌이다. 안에는 샤워할 수 있는 정도였고 발전기로 일으키는 전기는 불이 제대로 들어오지 않았다. 비상용 플래시를 들고 더듬더듬 식당을 찾아가야 했다. 불편함을 참으면 아이디어가 떠오른다고 누군가 이야기했다. 늦은 저녁은 찐 감자, 빵과 수프와 차를 주었다. 먹으면서 민속춤을 관람했다. 몸짓 손짓이 유연하지 않고 동작이 크고 원시적이다. 밖에 나와 하늘을 보니 무수히 많은 별이 반짝인다. 지구의 어느 모퉁이에 서 있는 내가 한없이 작은 모습으로 다가온다.

어두움이 지나고 새소리와 함께 새벽을 연다. 일찍 출발하여 세계에서 제일 큰 분화구 응고롱고로와 세렝게티 국립공원에 갔다. 열대우림, 정글 같은 가파른 산길을 지그재그로 오르고 이슬이 촉촉이 내린 연초록색 능선을 차는 내달렸다. 동물과 사람이 살기 좋은 토양이다. 길이 질척이고 미끄러운데 속력을 내더니 언덕을 들이받았다. 엉덩방아를 찧고 다 무사해서 안도의 숨을 쉬었다.

아프리카의 배꼽, 심장, 인류의 시원이라는 응고롱고로는 250만 년 전에 생성되었으며 마사이어로 큰 구멍이라는 뜻이라고 한다, 분화구 중앙에는 호수가 있으며 검은 코뿔소, 얼룩말, 코끼리, 사자 등 50여 종 포유류가 살고 있고 조류도 200여 종이 살고 있다. 이곳은 전 세계 과학자들이 동물을 연구하는 살아 있는 연구소라고 한다. 많은 생명을 보듬고 있는 자연의 천국이다. 움푹한 초원이 던져 버리면 무엇이든지 받아 줄 것 같은 편안함을 준다. 태초의 자연, 생명의 땅, 신비의 대지는 힘든 마음을 위로해 주는 아프리카의 마지막 낙원이다.

세렝게티 국립공원도 끝없는 초록 지평선 위에 파란 하늘,

낮게 떠 있는 흰 구름 하늘이 예쁘다. 누우떼, 얼룩말, 사자, 표범, 하이에나, 기린, 하마, 치타 등 많은 종류의 동물을 자연에서 보았다. 참으로 평화롭다. 사람의 천국이 아니라 동물의 천국, 왕국이었다. 동물로부터 안전한 곳에서 점심을 도시락으로 먹고 우리는 동물을 찾아 사파리 차를 타고 또 초원을 누볐다.

아루샤로 돌아와 킬리만자로산을 등산하고 싶었다. 산 입구 게이트까지 갔다. 유럽의 젊은이들이 얼굴이 발갛게 익어서 힘든 표정으로 하산하고 등산을 하려는 사람들로 부산하다. 해발 5, 000m가 넘는 킬리만자로산은 고산증에 적응하면서 4박 5일 동안 등산을 해야 한다. 1명마다 요리사, 포터 2명, 가이드, 보조 가이드가 따라야 입산시켜 준다고 한다. 체력도 안 되고 비용이 많이 들어서 아쉬웠지만, 킬리만자로 눈을 멀리서 바라보고 접어야 했다.

킬리만자로 눈을 멀리서 바라보는 것만도 행운이다. 구름에 숨겨져 보여주지 않는 날이 더 많으니 말이다. 남편의 말처럼 내가 보고 싶다고 보는 게 아니라 높으신 곳에 계시는 분이 보여주어야 보는 것이 여행인지도 모른다.

다르에스살람

아루샤에서 날이 밝기 전 이른 새벽 버스를 타고 온종일 걸려 탄자니아 옛 수도인 다르에스살람에 왔다. 항구도시이다. 예약한 호텔 앞에 과일과 채소 파는 노점이 많고 다른 곳보다 풍요로워 보였다. 이곳 일정이 끝나면 아프리카 추억의 기차라는 타자라 열차를 타고 다음 여정지 잠비아 루사카로 가려고 기차역을 먼저 찾아갔다. 일주일에 두 번 있는 아주 느린 열차다. 2박 3일을 타야 루사카에 도착할 수 있다고 한다. 예매는 인터넷으로도 여행사에서도 할 수 없고 역에 가야만 예약을 할 수 있다. 기차역 마당이 학교 운동장보다 넓은 것이 인상적이다. 침대칸을 예약하려고 하니 2주도 더 기다려야 자리가 있다고 한다. 아쉬웠지만 계획했던 타자라 열차를 타지 못했다. 여행이 마음대로 되는 게 아니라는 것을 실감했다. '삶도 그렇잖아.' 하는 마음이 들었다.

다음은 배 터미널에 가서 잔지바르 가는 페리 배표를 샀다. 배표를 사고 나와서 수산시장 쪽으로 걸어가다 주머니에 넣었던 선글라스가 떨어졌다. 길옆에 앉아 있던 아저씨가 주웠다. 돈을 주어야 돌려준다고 해서 조금의 돈을 주고 돌려받았다. 황당했지만 그분이 줍지 않았으면 잃어버렸을지도 모른다고 생각하니 고마운 마음이 들었다.

승선할 시간이 남아 해안가 길을 걸었다. 그들의 삶이 볼 것이 많아 눈이 바빴다. 큰 물고기를 잡아들고 오는 사람, 모

래밭에 모자 모양의 물고기 담는 망태기, 모래 위의 옷 장사들, 원색으로 칠한 작은 목선들에는 위험하리만치 많은 사람을 태우고 어디로 떠나고 있다.

그중에 자꾸 눈에 밟히는 것은 외다리 이발사였다. 목발에 몸을 의지한 채 학처럼 외다리로 모래 위에 서서 이발을 하고 있다. 무명 조끼를 입었는데 옷이 해져서 늘어져 속살이 보였다. 그 남루한 옷차림이 고귀해 보였다. 최선을 다해 사는 그의 모습이 숭고해 보이기까지 했다. 아프리카를 다니며 수많은 종류의 삶을 보면서 '어떤 삶을 살던 최선을 다해 사는 모습이 아름다운 것이다.'라고 생각했다.

사람들이 배를 타고 바다를 건넌다. 우리나라 같으면 다리를 놓았을 거리이다. 우리도 대중교통인 배를 타고 건너가 시장 구경을 하고 돌아왔다. 수산시장에는 목선으로 욕심 없이 잡아서인지 고기가 많지 않았다. 냉동 보관 시설이 없어서 인지도 모른다. 돌아오는 길에 문어를 한 마리 샀다. 삶아서 파는 것은 빨간색을 칠해서 사도 먹을 수가 없었다.

잔지바르섬

다음날은 페리호를 타고 1시간 40분 걸리는 잔지바르섬에 갔다. 배에서 내리니 같은 나라인데 다른 나라에 온 것처럼 여권 검사와 입국 신고 같은 것을 한다. 이 섬은 19세기 흑인을 노예로 파는 중심지 역할을 했다고 한다. 배에서 내려 바다 옆으로 걸어가니 공원이 나왔다.

무슨 꽃인지 노란 꽃과 주황색 꽃이 흐드러지게 피어 늘어져 있다. 이 꽃 뒤로 보이는 건물이 흑인들의 피눈물 흘리던 곳, 노예를 감금하던 곳이다. 슬픈 역사를 뒤로하고 지금은 성공회교회가 지어져 있다. 지하에 보존된 노예 수용 시설을 둘러보았다. 그때 사람을 억압으로 고통 주던 쇠사슬이 있다. 어디선가 신음이 들리는 것 같고 가슴이 아려온다. 검은 사람은 영혼이 없다고 사람을 팔고 사던 이곳이 지옥 같았다.

그곳을 나와 스톤타운 쪽으로 걸었다. 길에는 이슬람이 많은지 여인들이 모두 히잡을 썼다. 길에는 먼지가 많고 골목은 좁고 미로 같은데 모두 뭔가 파는 상점이다. 골목 안으로 걷다가 이슬람인들만 모여 사는 곳도 보고 성당을 발견했다. 반가워 가톨릭 신자라고 묵주반지를 보여주니 성당 안으로 들여보내 주었다. 마침, 미사 시간이었다. 미사가 끝나고 나오니 수녀님이 담 밑에서 묵주와 반지 등을 펴놓고 팔기에 기념으로 사서 나왔다.

능귀 해변

능귀 해변으로 가기 위하여 서민들의 교통수단인 트럭을 개조해 만든 차를 탔다. 그들과 피부를 비비고 생활 깊숙이 경험했다. 차는 속력을 내면서 내려주고 태우기를 반복하면서 섬 끝으로 달린다. 1시간 30분 후 트럭이 종점인 듯 한 곳에 섰다. 뜨거운 햇볕 속으로 십오 분 정도 걸으니 능귀 해변이 나왔다. 바다가 보석처럼 아름답다. 비취색 바닷물 빛에 감탄이 저절로 나왔다.

해변에 바위들이 끓는 용암을 갓 부어 놓은 것 같아 다양한 모양이었다. 주변은 방갈로와 초가집 호텔과 야자나무가 파란 하늘과 어우러져 조용하고 한가함이 느껴졌다. 초가 호텔에는 하룻밤 묵는데 수백만 원을 호가한다고 해서 놀랐다. 유럽의 부자들 휴양지란다.

바닷가를 걷다가 옥색 물빛 위에 까만 아이가 스티로폼을 타고 막대기로 노 젓는 것을 사진으로 담았다. 그 애는 옷을 입지 않고 강한 햇빛을 받아 까만 피부가 더 까만 것 같았다. 사람이 풍경이다. 옥색 물빛 위에 멀리 흰 돛단배, 지금도 그 사진을 보면 한 장의 작품이다. 아름답던 그 해안 고요하고 한적한 그 해변이 그립다.

잠비아 빅토리아 폭포로

여행길에 오른 지 한 달 되는 날, 탄자니아 다르에스살람에서 아프리카의 꽃이라는 빅토리아 폭포를 가기 위하여 긴 여정에 올랐다. 이번 두 달 여행 중 가장 긴 시간, 차를 타야 한다. 2박 3일 가는 타자라 열차를 타지 못하니 버스라도 안락하기를 마음속으로 바랐다. 잠비아 수도 루사카 가는 버스표를 사러 호텔 직원과 함께 나섰다. 그러나 그는 그곳을 잘 알지 못했다. 뒤따라 걷는 나를 남편에게 잘 챙기라 하더니 한없이 걷는다. 복잡한 큰 시장도 지나고 지칠 때쯤 되니 그는 돌아서 버스표 파는 곳을 찾았다. 터미널이 아니었다. 하루 한 번 가는 버스를 새벽 4시에 이곳에 와야 탈 수 있다고 한다. 그 시간에 택시나 다니는지 걱정이 앞선다. 표 파는 가게 좁은 곳에서 어떤 사람은 자기보다 큰 보따리

위에 자고 있다. 인내가 필요할 것 같다. 하지만 몸을 실으면 버스는 나를 빅토리아 폭포 가까이 데려다줄 것이다.

대장정이 시작되었다. 잠비아의 수도 루사카를 지나 리빙스턴까지 가야 세계 3대 폭포 중의 하나인 빅토리아 폭포를 볼 수 있다. 아무리 멀어도 여기까지 와서 그 유명한 빅토리아 폭포를 보지 않고 갈 수는 없었다. 버스는 나에게 낯선 아프리카 풍경을 보여주며 한없이 대륙을 달렸다. 선인장이 큰 나무만 하다. 바오바브나무도 야생동물도 만났다. 하늘이 파랗고 구름이 아름답다. 언덕에 좁다란 황톳길 따라가면 소박한 집을 짓고 누군가 살고 있을 것이다. 물은 있을까? 풍경이 나에게 말을 자꾸 걸어온다. 내 작은 마음만큼 채워지고 지나가 버렸다. 포장된 길도 덜컹거리며 흔들리던 비포장 길도 나에겐 길이었다.

밤중에 국경에 도착했다. 내려서 출국 신고를 하라고 한다. 주위는 깜깜해서 사물이 보이지 않는데 벌판 흙바닥 위에서 숯불에 양고기 구워 파는 사람과 음식을 만들어 파는 사람이 있다. 버스에서 새우잠을 자고 몇 시간 후 다시 출발했다. 버스에 빈 좌석은 없는데 모두 현지인이고 외국인 여행객은 우리 부부뿐이다. 남편을 하늘같이 의지했다. 보이지 않으면 불안했다. 가지고 있는 간식을 그들과 나누어 먹고 지루함을 달래도 보았다.

얼마를 달렸을까 두 번째 밤이 왔다. 불빛이 보이더니 잠비아의 수도 루사카에 도착했다. 터미널이 사물을 겨우 분간할 정도다. 아프리카는 밤이 되면 어디든 어두웠다. 차창 밖을 내다보니 삶의 전쟁터이다. 우리가 타고 온 버스가 곡물 같은 짐을 쏟아 놓은 게 트럭 한 대 분은 족히 된다. 캐리어를 찾아보니 다 젖고 뜯기고 흙이 묻었지만, 잃어버리지 않은 것이 다행이었다.

타고 온 버스가 리빙스턴까지 간다고 해서 몇 번을 물어보고 다시 탔다. 시내를 벗어나더니 집이 한 채 있는 곳에 버스가 섰다. 그곳에서 잘 모양이다. 트럭도 몇 대, 서 있었다. 차 안에서 손님 몇 명과 기사 두 사람도 같이 잤다.

날이 밝아오자, 버스는 달렸다. 풍경이 보이기 시작했다.

숯 굽는 연기가 숲속에서 소복한 여인처럼 피어오른다. 길에는 숯 파는 사람들이 일찍 나와 있다. 가다가 리빙스턴이 집이라고 하던 기사가 숯을 사서 싣는다. 숯 파는 여인은 아기를 업었다. 그런데 그는 건강한 미소와 함께 얼굴이 밝았다. 역시 행복은 마음속에 있나 보다.

천둥소리 나는 연기

버스에서 이틀을 자고 오후에 리빙스턴이라는 도시에 도착했다. 우리나라 읍내 정도다. 숙소를 예약하지 않고 시내에서 찾았다. 마음에 드는 곳이 있어 머물려고 하니 인터넷이 안 된다고 해서 다른 곳을 찾았다. 길에서 환전해 준다기에 하려고 돈을 받아 세어 보니 모자란다. 접어서 한 장을 두 장으로 세며 속임수를 쓴다. 우리가 여행 경력이 얼마인데 너희에게 속아 하면서 따라오는 그들을 멀리하고 걸었다.

리빙스턴에서 빅토리아 폭포까지 가는 대중교통이 있었다. 봉고차인데 차가 매우 낡았다. 출발 시간이 없고 사람이 차면 출발한다. 시간이 여유가 있어 입구까지 가 보기로 했다. 얼마나 긴 시간 폭포를 보려고 달려왔는지 가슴이 설렌다.

안내소에 알아보니 그 시간에 들어가서 폭포를 보아도 시간이 충분하다고 해서 들어갔다. 영국의 탐험가 리빙스턴이 1855년 처음 발견해 영국 여왕의 이름을 따 '빅토리아 폭포'라고 명명했다고 한다. 그전에는 물보라와 굉음 소리만 들려 원주민은 '모시 오아 툰야(Mosi Oa Tunya, 천둥소리가 나는 연기)'라고 불렀다고 한다. 폭이 1,500m나 되는 세계에서 길이가 가장 긴 폭포다.

폭포가 가까워지자, 천지를 뒤흔드는 소리와 물보라가 이슬이 되어 나를 적신다. 폭포가 길어 끝이 보이지 않는다. 폭포 위 낭떠러지 잠베지강이 하늘과 구름과 맞닿아 더 아름답다. 장엄한 이 폭포를 달리 표현할 길이 없다. 자연의 경이로움에 고개가 숙어진다. 이튿날 다시 폭포 입구에 가서 입국신고하고 비자비를 내고 번지 점프 하는 다리를 건너 짐바브웨 쪽 폭포를 걸어서 갔다. 잠비아 쪽 폭포보다 더 웅장하고 수량도 많았다. 물보라에 무지개가 선명히 생겨 아름다움과 신비함을 더했다. 한번 보기에는 아쉬워 발길을 돌려 폭포를 다시 한번 돌아보고 밝은 햇살에 사진도 다시 담았다. 이구아수에서도 그랬다. 이것이 자유여행의 덤이다.

돌아와 숙소에서 자는데 비가 양동이로 붓는 것처럼 밤새도록 쏟아진다. 차가 다니지 않는다, 이튿날 맞은편 찢어진 천으로 해를 가리고 담요를 파는 상인들도 나오지 않았다. 아침을 먹으려고 호텔 식당을 가 보니 불이 켜있지 않았다. 비가 많이 와서 직원들이 나오지 않아 아침 식사를 주지 않는다는 것이다. 그러나 항의하는 사람 없이 조용했다. 우리나라 같았으면 어떠했을까. 방으로 돌아와 비상용 누룽지를 끓여 먹었다.

비가 그쳐 잠베지강을 가 보기로 했다. 빅토리아 폭포 가는 버스를 타고 중간에서 내려 한적한 곳, 큰길을 한참 걸으니, 잠베지강이 나왔다. 강 끝에 빅토리아 폭포 물보라가 구름처럼 피어오른다. 빅토리아 폭포로 몸을 던져 굽이쳐 인도양으로 흐르는 잠베지강, 강가에서 물과 하늘이 하나인 석양을 바라보았다. 아름답고 서글프다. 석양을 보러 강으로 나가는 배들이 있다.

누군가 말했다. "여행은 우리의 시간과 장소를 바꾸어 주는 것이 아니라 우리의 생각과 편견을 바꾸어 주는 것이다." 라고…….

남아프리카 공화국

요하네스버그

잠비아 리빙스턴에서 장엄한 빅토리아 폭포를 다시 보고 요하네스버그 가는 비행기에 올랐다. 요하네스버그는 보타 산에서 금광이 발견되면서 갑자기 번영한 아프리카에서 제일 큰 상공업 도시이다. 도시 이름이 매력 있어 와보고 싶은 도시였다. 도심에는 여행자의 치안이 위험하다고 하여 공항에서 기차를 타고 샌튼(Sandton)이라는 신도시에 갔다. 이 도시는 사업하는 사람들이 치안이 좋지 않은 도심지를 피해 그곳으로 옮겨가면서 생겨난 신도시이다. 기차가 쾌적하고 승객들도 여유로워 보였다. 우리나라에서도 타보지 못한 고급 기차였다. 갑자기 원시의 세계에서 문명의 세계로 온 듯하다. 샌튼에 도착해보니 값비싼 고급호텔만 있고 교통도 불편해서 우리가 여행하기에는 적합하지 않아 구도시로 가기로 했다.

택시를 타고 요하네스버그 외곽 지역에 있는 숙소를 찾아갔다. 그곳에서 멀었다. 도착할 때쯤 되니 알렉산드리아라는 흙인 빈민촌 옆을 지난다. 양철 쪽 하나로 해와 비를 가린 집들이다. 치안이 불안하여 외부인이 들어갈 수 없는 곳으로 알려진 슬럼가다. 마을이 비탈진 곳에 넓게 자리하고 있다. 하루에 빈부의 차, 극과 극을 보았다.

기후는 덥지 않고 쾌적했다. 우리가 찾아간 숙소는 언덕에 있었는데 오래된 집 같아 보였지만, 뜰이 넓었다, 마당에 풀장도 있고 취사를 할 수 있는 곳도 있고 당구장 등 모든 것을 갖추고 있었다. 그러나 인터넷은 되지 않았다. 군데군데 있는 방들이 손님이 적어서 썰렁한 느낌을 주었다.

이튿날은 소웨토에 있는 만델라 생가, 박물관 등을 가기 위하여 나섰다. 가다가 아일랜드에서 왔다는 노부부를 태우고 함께 여행했다. 소웨토는 요하네스버그에서 16km 떨어져 있다. 외각으로 차가 달리는데, 숲속에 집들이 그림 같다. 가면서 만델라가 정치를 처음 시작한 빈민촌과 개울을 사이에 두고 부자와 가난한 사람들의 마을을 보여주었다. 견고한 방범창이 무언가를 말해준다.

만델라 생가는 작고 소박한 평범한 집이었다. 이웃에는 토토라는 노벨상 받은 분의 생가가 또 있어 한 마을에 노벨상 받은 사람이 두 사람이라고 그들은 자랑스러워했다. 생가를 관람하고 나오니 청년들이 아프리카 특유의 유쾌한 몸놀림으로 춤을 춘다.

다음은 가든 루트로 더반, 런던, 포토 엘리자베스를 거쳐 케이프타운까지 내려가야 한다. 일주일은 더 걸리겠지만 여행하면서 가니 지루함은 덜할 것이다. 내일은 더반으로 떠나야 하는데 여행자가 가면 위험하다는 도심에 있는 버스터미널에 가야 버스를 탈 수 있다. 기차역도 그곳에 있어서 이곳을 거치지 않으면 우리 같은 배낭여행자는 이동할 수 없다. 호텔 주인에게 우리를 터미널에 안전하게 태워다 달라고 했다. 주차장에 내리니 긴장이 되었다. 터미널 안은 넓고 안전요원들이 많아 안심할 수 있었다. 2층은 은행이 있고 환전소도 있는데 무장경찰이 군데군데 서 있어서 치안이 좋지 않음을 말해주고 있다. 터미널 안에는 외국인은 우리 부부뿐이다. 대부분 여행자는 공항에서 샌튼 신도시로 호텔 차가 픽업해 가고 있었다. 남아공 월드컵을 치르고 치안이 많이 좋아졌다는데 그렇지 않은 것 같다.

더반

요하네스버그에서 항구도시 더반으로 가는 버스를 탔다. 버스가 안락하고 좋아서 아프리카에 와서 처음 새 버스를 타니 기분이 좋았다. 차창 밖 풍경이 국토 관리가 잘되고 도로

변이 날리는 비닐 조각 하나 없이 깨끗하다. 늦은 오후에 더반 버스터미널에 내려 숙소를 찾아가야 하는데 남편이 택시를 타자고 한다. 손님을 태우려는 기사들 인상이 무서워 걸어서 가자고 남편을 졸라서 걸었다.

어떤 젊은이가 우리의 도착지를 알려 준다고 해서 따라갔다. 그는 우리가 가려고 하는 해변 반대 방향, 시장이 있는 곳에 데려다 놓고 사라져 버렸다. 다시 물어서 얼마를 걸었으나 우리가 찾는 바닷가 숙소가 있는 곳을 찾을 길이 없었다. 이젠 택시도 없고 해가 설핏 기울고 있었다. 불안감이 밀려왔다.

그러나 세상에는 좋은 사람도 많다, 승용차 한 대가 서더니 우리가 길을 찾는 것을 알고 데려다주겠다고 한다. 여기는 우리가 찾는 해변이 아니란다. 그분은 인도인이었다. 나중에 알았지만, 더반에는 인도 사람이 좀 살고 있다고 들었다. 우리를 더반 해변을 드라이브시켜 주고 안전하게 호텔까지 데려다주었다. 고마워서 사진을 함께 찍고 우리가 서울 도착하는 날과 메일을 알려주고 헤어졌다. 그러나 그분은 지금도 연락이 없다. 며칠 전 아는 분이 아프리카 여행 중 더반에서 강도 세 사람에게 돈을 털리고 겨우 살았다는 이야기를 들었다. 무사히 다녀온 것이 그분 덕인 것 같아 꼭 감사 표시를 하고 싶은데 연락이 안 되어 아쉬운 마음이다.

더반은 참 아름다운 항구도시이다. 바닷물이 맑고 부드러운 모래, 긴 해수욕장, 고급호텔과 빌딩이 즐비하고 위락시설도 많았다. 약간은 따가운 햇볕을 받으며 여유롭게 해변을 걸었다. 해변공원을 관리하는 젊은이가 야자열매를 주어 시원하게 먹고 나도 답례로 조그마한 선물을 주니 좋아한다. 해변에는 해수욕, 수상스키를 즐기는 사람이 많은데 백인뿐 흑인은 한 사람도 볼 수 없었다.

출렁이는 바다를 보며 종합운동장이 보이는 쪽으로 돌아서서 다시 걸었다. 한참을 걸으니, 해수욕을 즐기는 사람들이 흑인뿐. 이곳은 위락시설도 없고 초라해 보였다, 내심 놀랐다. 피부색이 다른 사람끼리 따로 즐기고 있다. 흑인의 대륙에서 흑인이 소외되는 슬픈 현실과 마주했다. 저녁에 호텔에 돌아오니 오전에 나갈 때 나간 전기가 밤이 되어도 들어오지 않아 불편한 밤을 보내야 했다.

포토 엘리자베스

가든 루트를 따라 버스를 타고 런던을 거쳐 늦은 밤, 포토 엘리자베스에 도착했다. 사방이 깜깜했다. 낯선 곳의 어두움, 이럴 때는 어김없이 두려움이 찾아온다. 두리번거리다 택시 한 대 있어서 겨우 탈 수 있었다. 나이든 인상 좋은 기사 아저씨를 만났으니 행운이었다.

탁 트인 해변이 내려다보이는 등대공원 언덕에 쉬면서, 바닷가를 산책하고 소라도 잡고 놀았다. 시내에는 엘리자베스 여왕 동상도 있고 건물도 영국식이 많다. 하루는 시간이 있어서 관광지 반대 방향으로 시내버스를 타고 종점까지 갔다. 일요일이라 손님이 우리 둘뿐이다. 남아공 월드컵을 치른 운동장에 들어가 보려 했으나 문이 닫혀있어 지나가면서 보았다. 기사 아저씨가 가이드처럼 안내를 잘해주었다. 그곳도 피부 색깔대로 마을을 나뉘어 살면서 아프리카인을 없이 여겼다. 기사 아저씨는 본인이 아프리카인이 아니라는 것을 자랑스러워했다. 신은 왜 사람의 피부 색깔을 다르게 만들어 놓았을까? 그들이 슬퍼 보였다.

밤차를 타고 케이프타운으로 가려고 간식을 준비하려 슈퍼마켓을 찾았으나 일요일이라 문을 닫았다. 길에도 사람이 별로 다니지 않는다. 문 연 곳이 한군데 있다 하여 간식을 사서 돌아오면서, 따가운 햇볕을 피해, 바다가 내려다보이는 등대공원에서 스마트폰에 담긴 사진을 보며 쉬고 있었다. 그때 윗옷은 아무것도 입지 않고 사자 머리를 하고 나무 뒤에 숨어서 우리를 노리고 있는 사람이 있었다. 때마침 순찰하던 두 명의 경찰이 우리를 막아 앉아 위기를 모면하게 해주었다. 참 운이 좋은 날이었다.

케이프타운

밤 버스를 타고 케이프타운으로 가야 한다. 버스가 거의 매진되어 예매를 겨우 했다. 우리가 타야 할 버스는 정거장이 시내와 떨어져 있어서 알 수도 없는 곳으로 이동을 했다. 몇 시간을 기다리니 밤늦게 버스가 왔다. 버스는 좌석이 가로로 두 명, 세 명이 앉게 되어 있어서 통로가 좁고 복잡했다. 어디서 출발했는지 둘이 앉을 수 있는 좌석이 없어서 우리는 따로 앉게 되었다. 내 옆에 타고 있는 여인들이 얼마나 비만하던지 옆 좌석 여인에게 눌려서 몹시 불편했다. 그런데 그는 '스몰 스몰' 하면서 버스가 좁다고 했다. 비만이 부의 상징이란다. 우리나라도 옛날에 배가 나오면 사장이라고 하던 때가 있었다.

날이 새며 케이프타운 아침 풍경이 눈에 들어온다. 뿌연 안

개 속에서 모습을 드러내는 테이블마운틴, 변두리 마을에서 일터로 향하는 서민들, 밤차를 탄 덕분에 낮에 도착하니, 마음에 여유가 있다. 아프리카 속의 지중해, 가장 유럽 같은 도시이다.

천천히 걸어서 머무를 곳을 찾기로 했다. 지나가던 사람이 차이나가 하는 호텔이 저렴하고 깨끗한 곳이 있다고 알려 주었다. 찾아서 갔더니 뜻밖에도 우리나라 사람이 하는 곳이었다. 그곳은 종업원이 일본인, 백인, 아프리카인 전 세계 사람이 다 모인 것 같다. 주인은 아프리카에 온 지 30년이 되었다고 했다. 먼 타국에서 고국의 음식이 그리웠던지 재료를 멀리서 사다가 나에게 갈치조림, 닭볶음탕, 두부찌개 등 한국요리를 해달라고 한다. 조리하여 종업원들과 같이 먹었다. 그들은 매운 음식을 잘 먹었다, 한국 음식이 건강식이라고 하니 잘 먹었다고 몇 번이나 인사를 한다. 발코니에서 식사하면서 아프리카 사람들에 관한 이야기를 많이 들려주었다.

까다롭다는 나미비아 비자 신청을 먼저 해놓고 관광을 했다. 유럽 노부부인 듯한 사람들이 가장 많다. 그들은 마음이 여유로워 보였다. 투명하게 맑은 날씨, 옥빛 바다, 더운 곳에서도 볼 수 있는 펭귄, 물개섬, 관광 도시답게 순환 버스를 타고 관광하기 좋게 인프라가 잘 구성되어 불편한 점이 없다.

테이블마운틴은 이틀을 바람 때문에 케이블카가 멈췄던지라 올라가려는 사람들로 줄이 끝이 없다. 케이프타운은 정말

관광 수입이 많을 것 같다. 우리는 주인의 안내로 두 시간 걸어서 올라갔다. 내려다보이는 시원한 바다는 물빛이 보석보다 아름답다. 세계적인 관광 도시가 될 만큼 아름다운 자연을 간직한 이 나라가 부러웠다.

케이프타운에 큰 짐을 맡기고 나미비아를 일주일간 다녀왔다. 그리고 아프리카 여행, 마지막으로 여행사를 통해 젊은이들과 함께 희망봉에 다녀왔다. 참 친절하고 기억에 남는 여행이었다. 사람이 풍경인 두 달간의 평생 잊지 못할 아프리카 여행, 상상도 하지 못할 만큼 먼 길을 무사히 잘 다녀와서 감사하다.

나미비아

포토 엘리자베스에서 케이프타운에 도착하자

이튿날 나미비아 영사관에 가서 비자 신청을 했다. 비자 받기가 까다롭고 3일을 기다려야 비자가 나온다고 해서다. 비자가 나올 동안 케이프타운 여행을 했다. 케이프타운에서 나미비아 수도 빈트후크 가는 국제 버스는 일주일에 두 번 있다. 큰 짐은 이곳에 맡기고 일주일간 나미비아 여정에 올랐다. 보츠나와가 아프리카의 정원이라면 나미비아는 숨은 보석이다. 준사막을 오랜 시간 달려 밤에 국경을 통과하는데 어찌나 짐 검사를 심하게 하는지 큰 가방을 맡기고 온 것이 다행이다.

다음 날 오전 10시가 넘어서야 빈트후크에 도착했다. 하루가 걸렸다. 한 나라의 수도 같지 않게 조용하고 작은 도시다.

날씨는 다녀온 다른 나라에 비해 뜨겁고 더웠다. 이날이 설날이었다. 뜨거운 곳에서 맞이하는 설날이 가슴 뭉클하고 서글프다, 어제 시내 구경하고 돌아오다가 슈퍼마켓에서 사 온 고기를 우리나라 젊은이들과 구워 먹었다. 남편은 여행하다가 우리 젊은이들을 만나면 늘 베풀었다.

빈트후크에서 미니버스로 5시간 거리인 스와코프문트까지 우리나라 학생들과 같이 갔다. 그들은 나미브사막에 바이크를 타러 가고 우리는 다시 월비스베이로 가는 미니버스를 탔다. 바다와 사막이 함께 보이는 해변, 이색적인 풍광이 천혜의 비경이다. 찻길을 사이에 두고 한쪽은 하얀 파도가 밀려오는 푸른 대서양이고 한쪽은 붉은빛이 도는 부드러운 모래사구 나미브사막이다. 억겁의 세월 동안 바닷바람이 만들어 놓은 사구는 신비하고도 경이로운 풍경이다. 지구상에 바다와 사막을 한눈에 볼 수 있는 곳, 이런 아름답고 멋진 해변이 어디 또 있을까! 가슴이 펑 뚫리는 것 같은 시원함이 피곤한 여행길에 위로를 준다.

월비스베이에 내려 바닷가로 나갔다. 현지인들이 즐겨 찾는 해변공원이 있고 해수욕장도 있다. 까만 아이들이 모래밭에 강아지처럼 뒹군다. 무엇에 쓰려는지 사람들이 페트병에 바닷물을 담아간다. 궁금해서 물어보니 피부에 바르려고 가져간다고 한다. 약으로 쓰려는 모양이다. 나도 어릴 때 두드러기가 나서 할머니가 소금을 피부에 문지르고 볏짚으로 슬어 주며 무어라 중얼거리던 때가 있었다.

해가 설핏해져 숙소를 찾아 들었다. 가운데 마당이 넓고 새로 지은 건물이라 깨끗했다. 바다가 잘 보이는 방을 약간의 웃돈을 주고 얻었다. 손님은 우리 말고 한 팀밖에 없는 것 같아 적막함이 흐른다. 두 달, 아프리카 여행을 하면서 가장 마음에 드는 방이다. 밤에 창문을 열고 몇 번이나 내다보았다. 까만 밤바다 유전에 불이 들어와 크리스마스트리처럼 아름다웠다. 지구 한 모퉁이에서 내 집은 얼마나 먼지 가늠이 되지 않는다. 그리고 내가 한없이 작게 느껴졌고, 별을 보며 사막이 보이나 두리번거렸다. 이국적인 밤이다. 나의 여행 수첩에 이렇게 적혀 있다.

"예순하고도 다섯 살, 나미비아 월비스베이, 바다와 사막이 함께 보이는 게스트 하우스. 바다와 사막은 밀어를 나누고 바람은 사람의 발자국을 지운다. 신혼보다 더 설레는 밤을 보냈다."

다음날 택시를 불러 타고 홍학이 많은 바닷가에 갔다. 그곳은 정말 많은 플라밍고가 이끼긴 잘박한 갯벌에서 고고한 몸짓으로 먹이를 찾고 있다. 한 폭의 그림이 이렇게 아름다울까 싶었다. 바닷가 집 앞에서 아름다운 홍학을 매일 볼 수 있는 사람들은 최고로 축복받은 사람들이다. 집들도 저마다 특색이 있다. 드라이버가 리치 맨 들이 살고 있다는 귀띔이다.

다시 빈투후크로 와서 제2의 그랜드캐니언이라는 피쉬리버캐니언을 가기 위하여 서울에서 부산보다 먼 곳, 키프만스호프에 갔다. 가까이 가서 투어를 하면 투어 비도 숙박비도 적게 들 것 같아서다. 도착하여 여행 안내소에 들어가 알아보았다. 큰 호텔은 방이 없었다, 다른 숙소를 찾아 룸에 들

어서니 이불도 친근한 장미꽃 무늬이고 커튼도 많이 본 듯한 천과 색이다. 지난번 빈트후크에서도 쇼윈도 옷들이 아프리카에서 가장 우리나라와 비슷하다고 생각했는데, 아프리카 마지막 여행지 나미비아에서 가장 한국적인 정서와 마주했다. 오랫동안 여행에 지친 나를 위로해 준다.

다음날 피쉬리버캐니언을 가려고 하는데 대중교통은 없다. 가는 방법을 찾다가 한 아저씨를 만났다. 우리는 투어 비를 흥정하면서 다른 손님과 함께 가도 된다고 했다. 택시 기사도 여행사를 하는 사람도 아니었다. 그분 집에 들러 부인과 다섯 살 먹은 아들과 함께 갔다. 부인도 피쉬리버캐니언을 가 보지 못했다고 했다. 가다가 댐을 보여주는데 건기라

그런지 물이 조금 밖에 없다. 물이 귀하고 보이는 곳이 모두 준사막이다. 집도 없고 황량한 사막을 달리다 보면 가끔 칠면조와 뿔이 큰 동물 오릭스만 보일 뿐이다. 하늘은 높고 햇빛이 강한 먼지 길을 2시간쯤 달려서 도착했다. 피쉬리버캐니언은 그랜드캐니언하고 비슷했는데 검붉은 흙이 장엄하고 신비했다.

다음날은 그 집 가족과 함께 그분의 안내로 고바스트리라는 곳을 여행했다. 풍화 작용으로 만들어져 쌓인 돌과 고바스트리 나무가 특이한 풍광을 만들어 놓았다. 나무에는 새집이 마른풀을 얹어놓은 것 같다. 멧돼지도 있고 호랑이도 기르는데 돌 틈에서는 카멜레온이 변색하고 있다.

그의 집을 두 번 가 보았다. 그는 가난하지도 부자도 아닌 보통의 생활을 하는 사람이었다. 아이들이 4명인데 정이 들었다. 둘째 딸은 영리하고 예뻐서 데리고 오고 싶었다. 이곳도 백인은 백인끼리 모여 살고, 아주 검은 피부 아프리카인은 그들끼리 살고 있는데 생활이 어렵다고 한다.

포토 엘리자베스에 갔을 때도 그랬다. 하루는 시간이 있어 미니버스를 타고 관광지 반대 방향 종점까지 갔다가 돌아왔다. 그날이 일요일이라 손님이 없어 기사 아저씨가 가이드처럼 설명해 주었는데. 자기가 아프리카인으로 태어나지 않은 것을 자랑스럽게 생각하고 있었다. 그곳도 인종별로 나누어져서 사는데 아프리카인이 사는 마을은 빈촌이었다. 캐이프

타운으로 돌아오는 날, 외각의 늦은 밤차였는데 그 가족들은 우리를 버스 타는 곳까지 데려다주며 작별을 아쉬워했다.

정거장이 주유소와 슈퍼, 카페를 하는 곳인데 함께 여행한 부인의 언니네였다. 인연의 묘함을 느꼈다. 온 가족이 자정이 넘도록 국제 버스를 탈 때까지 기다려주고 환송해 주었다. 무엇이든지 있으면 주고 오고 싶었다. 며칠 여행하면서 정이 들었다. 포옹으로 아쉬운 작별을 했다.

며칠 전에는 그들에게서 안부 메일이 왔다. 이런 것이 배낭여행의 선물이다. 아프리카를 여행하면서 때로는 힘들고. 위기도 있었지만, 마음 따듯한 사람들도 많이 만났다. 선한 사람들 그들에게 감사함을 전하고 싶다.

4

여정의 저편

잉카의 흔적을 찾아서

페루 리마에서 마추픽추에 가기 위하여 비행기로 1시간 20여 분 거리인 쿠스코에 왔다. 버스로 오면 길이 굽이굽이 난코스로 20시간이 걸린다고 한다. 쿠스코는 해발 3,600m에 태양의 신을 모시던 황금의 도시이자, 1200년대부터 1532년까지 잉카제국의 마지막 수도이다. 16세기 스페인의 침략으로 잉카문명과 스페인 문화가 함께 공존하는 유네스코 세계 문화유산에 등재된, 역사 깊은 도시이다.

공항에 내려 보니 비탈진 도시 주변 산에 나무도 없고 건조하고 삭막함이 느껴졌다. 달나라가 이런 느낌일까? 도시에 들어서니 생각과 달리 오롯이 돌로 지은, 오래된 건물들이 편안함을 준다. 세월의 옷을 입은 낡고 오래된 집들이 불편함과 누추함을 주는 것이 아니라 매우 고상하고 위대한 도시라는 느낌을 주었다. 고풍스러운 도시의 색깔도 황갈색으로 오래된 돌이 지닌 자연 그대로의 색깔이다. 꼭 새것만이 좋은 것이 아니다.

오래된 거리에 영화(英華)가 깃들어 있다.

우리가 머무르는 집은 쿠스코에서도 좀 높은 지대에 있다. 전망이 좋고 카페 같은 호스텔이었다. 쿠스코에 오면 대부분 사람이 고산증을 느낀다고 한다. 올 때 고산증약을 준비해 오려고 했으나 우리나라에는 고산증약이 없다. 숨쉬기가 어렵고 머리가 아프고 움직이면 힘이 들었다. 주인아저씨는 코카 차를 마시면 괜찮아진다고 코카잎을 띄운 따듯한 차를 권했지만 먹어도 효과가 없다. 밖에 구경하고 집으로 올라올 때는 더 힘이 들었다. 중국에 여행했을 때 옥룡설산이나 구채구 갈 때 고산증을 경험했지만, 그때는 짧은 시간이었다. 산소가 부족해서 고산증이 생긴다고 알고 있는 나는 복식호흡을 했다. 그러면 조금은 편안해졌다.

주인아저씨와 함께 볼리비아 영사관에 가서 비자도 받고, 마추픽추 입장권도 사고 잉카트레일 기차표도 샀다. 다음날은 쿠스코를 둘러보았다. 골목마다 잉카인의 영혼이 서린 돌담이 남아 있다. 잉카인의 슬픔과 한이 느껴졌다.

이틀 후 마추픽추에 가기 위해 미니버스를 탔다. 차는 꼬불꼬불한 산길로 서서히 내려간다. 주변은 나무도 자랄 수 없는 산 사막이다. 원주민들이 가끔 무엇인가 도로변에서 팔고 있는 것도 눈에 보인다. 신성한 계곡을 따라 내려가는데 옥수수 감자밭이 계곡을 따라 있다. 그곳만이 땅이 비옥해 보였다. 일하다 놓아둔 농기구를 보면 원주민들이 옛날과 다름없는 삶을 사는 것 같다. 여기서 발원한 물이 아마존으로 흐른다고 한다. '신은 이곳 사람들을 이런 방법으로 먹여 살리고 있구나' 하는 생각이 들면서 눈물이 났다.

나는 성당을 다니지만 믿음이 많이 부족한 사람이다. 이 신성한 계곡을 지나면서 하느님은 인간을 사랑하신다는 것을 느꼈다. 우르밤바를 지나 마추픽추 가는 기차역이 있는 오얀타이탐보에 내렸다. 높은 산이 둘러있는 마을은 도시라고 하기에는 소박하다.

잉카의 유적이 마주 보이는 곳에서 하룻밤을 묵기로 했다. 비가 오는데도 맞은편 산비탈 유적에는 비옷을 입은 사람들이 계속 계단을 올라가고 있다. 한참 쉬고 나니 비가 그쳤다. 우리도 잉카 시대 신을 모시던 석축으로 된 유적을 보러 갔다. 허물어졌지만 견고하고 웅장함이 느껴진다. 그 큰 돌은 어디서 옮겨왔는지 불가사의다. 라마와 사진도 찍고 유적지를 내려왔다.

호스텔에 돌아와 보니 계산대 사람이 다른 사람으로 바뀌었다. 남편이 페루 솔(돈)이 없어 숙박비로 지급했던 솔을 달러로 바꾸어 달라고 했는데, 숙박비를 내지 않았다고 또 내라고 한다. 정말 황당했다. 순간 그들이 나쁜 사람들이라고 오해했다. 말할 줄 모르니 설명해도 알아듣지도 못하고 언어의 장벽에 부딪혔다. 그들은 답답했는지 컴퓨터의 힘을 빌려 대화를 시도해 한참을 떠든 후에 오해가 풀렸다. 소통의 부재를 겪고 악수를 하고 화해했다.

이튿날 그곳에서 잉카트레일을 탔다. 천장이 유리로 되어 있는 관광열차다. 흔들리는 기차 식탁 위에 식판을 깔고 주스와 파이로 간식을 준다. 잠시 기차임을 잊었다. 아마존으로 흐르는 계곡을 따라 높고 풍광 좋은 산과 밀림 속으로 숲과 동화되면서 서서히 달린다. 세계에서 모여든 사람들 모두가 즐거운 표정들이다. 젊은 연인들이 제일 많다. 결혼 전 여행도 해보지 못한 나는 그들이 부러웠다. 하지만 우리 부부도 행복했다. 남편은 나의 손을 잡으며 "언제 우리가 이 기차를 타보겠어. 타보지 않은 사람은 이 기분을 모를 거야." 하며 좋아했다.

기차에서 내려 승합차를 탔다. 지그재그의 산길로 올라간다. 마추픽추는 2,430m이고 늙은 봉우리라는 뜻이라고 한다. 조금 후 큰 산봉우리가 보인다. 우리나라 청년 한 사람이 들뜬 목소리로 저기 보이는 산봉우리가 와이나픽추라고 한다. 와이나픽추는 젊은 봉우리라는 뜻이란다. 왜 그런 이름을 붙였는지는 모르겠다. 1570년에 사라진 잉카제국 고공의 도시 마추픽추에 도착해 먼저 썬 게이트에 오르고 그다음 유적을 보았다. 와이나픽추는 하루에 올려보내는 인원이 300명으로 정해져 있어서 예약한 사람이 많아서 오르지 못했다. 길이 가파르고 험해 올라가는 허락을 받았어도 못 오를 것 같기도 했다.

세계에서 가장 아름다운 문화유산으로 손꼽히는 마추픽추

와 잉카문명은 너무 유명하다. 인상 깊게 본 것은 면도날 하나 들어가지 않을 정도로 견고하게 쌓은 신전, 물 한 방울도 세지 않는 목욕탕과 수로, 90도로 쌓은 농경지. 잉카의 해시계인 천문 관측소이다. 잉카인들은 정말 머리가 좋은 사람들인 것 같다. 허물어진 유적도 아름답지만, 또 빼놓을 수 없는 것은 주변 경치이다. 보이는 산봉우리들이 날씨에 따라 시시때때로 운무와 바람으로 파노라마 같은 경치를 변화시키며 보여 주는 것이다. 와서 본 사람만이 느낄 수 있는 감동이다. 시간이 넉넉하여 충분히 마추픽추를 볼 수 있었다. 기후변화가 심해 안개와 구름만 보고 오는 사람이 더 많다는데, 날씨가 좋아 주위의 장엄한 풍경을 감사하게도 잘 보았다. 기회가 되면 다시 또 오고 싶다. 허물어진 그곳이 이렇게 아름다울 수가…….

뜨거운 크리스마스

웅장하고 장엄한 이구아수 폭포를 보고, 브라질 상파울루로 가는 여정에 올랐다. 아르헨티나 이구아수에서 브라질 상파울루로 가는 교통편이 모두 매진이라 파라과이에서 타고 가는 버스표를 예매했다. 상파울루까지는 17시간이 소요된다고 한다. 파라과이는 여행 일정에 없었지만, 상파울루행 버스가 오후에 있어 일찍 가서 시내를 둘러볼 생각이었다. 파라과이 국경을 통과해 출근하는 사람이 많았다. 다리를 건너는 외길이라 혼잡해 시간이 오래 걸렸다.

출입국 사무실을 찾아 신고하고 버스터미널까지 택시를 탔는데, 탈 때 정한 15과라니보다 10배의 택시비를 내라고 한다. 20과라니를 내밀자, 운전사는 150과라니를 내라고 억지를 부린다. 마침 터미널 입구에 경찰 두 사람이 있어 그들에게 이야기했지만, 운전사와 서로 눈을 끔벅이는 것이 그들은 한편이었다. 터미널에서는 화장실 한 번 가는데 천 원이나 한다.

상파울루 가는 버스는 시간이 훨씬 지나서야 도착했고, 버스 탈 때 경찰이 짐 검사도 한다. 그래도 무사히 상파울루행 버스를 탈 수 있어서 다행이었다. 버스는 밤새도록 달려 아침에야 상파울루 버스터미널에 도착했다. 길을 익히기 위하여 지하철을 타고 시내로 들어가 예약한 호텔을 찾기로 했다. 남미의 최대 도시답게 사람이 북적였다.

이튿날 시내 구경하려고 나서는데 호텔에서 양품점 하는 아주머니가 배낭을 앞으로 메고, 조심하라고 일러준다. 고마웠다. 길을 가득 메운 사람들이 밝고 활기차 보였다. 내일이 크리스마스이브인데 대성당 광장 그늘의 온도계가 34.5도를 나타내고 있다. '뜨거운 크리스마스다' 대성당 광장에는 노숙자가 많았다. 크리스마스트리도 별로 없고 거리는 특별할 것은 없었다. 길에 커다란 날개를 단 하얀 천사 분장을 한 아가씨가 아름다워 그녀와 사진을 찍었다.

대성당을 지나 동양인의 거리에 가 보았다. 하얀 방울로 가로등을 달아 표시해 놓았다. 고급스러운 기념품 가게가 있어 들어가 보니 일본인 종업원이 있고 주인인 듯한 분이 우리나라 말로 인사를 한다. 이렇게 먼 곳까지 와서 성공한 것 같아 반가웠다. 그곳에서 몇 집 건너 슈퍼에 들어서니, 두부, 콩나물, 김밥까지 한국적이다. 일본 식품, 중국 식품도 있었다. 손님이 많았다. 초밥과 새우튀김 콩나물을 한 봉지 사서 배낭에 넣었다. 지구의 반대편이 마치 가까운 이웃처럼 느껴졌다.

크리스마스이브 이브 날 폭죽 터트리는 소리가 가끔 났다.

호텔방 맞은편 아파트 창문에는 소박한 트리가 창문에 내걸려있다. 나의 2015년 크리스마스이브는 지구의 반대편 상파울루에서 뜨거운 한여름에 지나가고 있다. 그 많던 사람은 다 어디로 갔는지 상점은 문이 다 닫혔고 너무나 썰렁해서 거리를 다니기도 불안했다. 크리스마스 연휴에 들어간 것 같다.

리우데자네이루

상파울루에서 7시간 걸리는 리우데자네이루에 왔다. 도시의 느낌이 우중충하리만큼 어두운 색깔이다. 삼바축제가 유명하고 올림픽이 열린다는 리우는 치안이 불안하다는 정보를 들어 긴장되었다. 이곳이 마지막 여정지이다. 삼 일 후면 53일의 여정을 마치고 집으로 가는 비행기에 오를 것이다. 마무리를 끝까지 잘해야겠다는 생각이 머리를 스친다. 첫날에 거대 예수상이 있는 꼬르바두 언덕에 올랐다. 이 언덕은 리우 시내와 그 주변을 파노라마처럼 펼쳐 보이는 조망이 좋은 곳이다. 세계 3대 미항이라는 리우데자네이루 항구의 아름다움이 한눈에 들어온다.

오후에는 세계에서 유명한 코파카바나 해변을 찾아갔다. 모래가 석영 질이고 해수욕장 길이가 5km나 된다고 한다. 깜짝 놀란 것은 그 긴 해변에 사람이 무척 많았다. 야하고 아슬아슬한 수영복을 입은 아가씨들이 볼거리였다.

이튿날은 식물원과 이빠네마 해변을 가기로 했다. 식물원에는 8,000여 종의 열대식물이 있다고 하여 가 보고 싶었다. 시내버스를 탔는데 버스가 어찌나 과속으로 달리는지 불안했다. 달리다가 승용차와 부딪혀 다른 버스를 탔다. 리우 사람들의 기질이 급한 것 같았다.

식물원에서 오면서 이빠네마 해변에 갔다. 아파트가 해변에 병풍처럼 있고 고급브랜드 상점들이 많은 부촌으로 비교

적 안전한 곳이라고 한다. 이곳 해수욕장에도 사람은 많았는데 물놀이 용품을 가진 사람은 없었다.

모래밭 한쪽에서 축구놀이를 하는 사람들이 있다. 이래서 이 나라가 축구를 잘하는가 하는 생각이 났다.

해수욕장 끝까지 걸어가 너럭바위에 올라가 시원한 바다를 바라보며 간식도 먹고 쉬었다. 호텔로 가려고 비탈진 바위를 내려오는데, 열세네 살쯤 돼 보이는 아이들이 남편 손에 있는 내 핸드폰을 낚아채 달아나 버렸다. 남편이 그 애들을 쫓아가다 미끄러워 넘어졌다. 해수욕하던 젊은 사람이 물속으로 숨으려는 아이를 한 명 붙잡아 경찰에게 넘겼지만 끝내 핸드폰을 찾지 못했다. 핸드폰보다 52일 여행하며 열심히 찍은 사진이 순간에 사라졌으니 허망하고 공허했다. 소중한 것을 잃어버린 마음이 이런 것이구나 하면서 바다만 바라보고 있는데, 경찰이 미안해하면서 물도 주고 도망가는 아이들을 뒤쫓아 가다가 넘어져 다친 상처에 얼음찜질도 해준다. 그사이 방송국 기자들이 찾아와 우리를 취재해 갔다. 눈이 반짝반짝 빛나고 황갈색 피부에 곱슬머리였던 그 아이들의 앞날이 걱정되었다. 경찰서까지 갔던 그 아이는 어찌 되었는지 알 수 없지만, 새사람이 되어 성실하게 잘 살았으면 하는 바람이다.

집으로 오는 날, 밤 10시 비행기여서 크리스마스 연휴도 끝나고 시내 관광에 나섰다. 날씨는 우리나라 여름보다 훨씬 뜨거웠다. 우리가 지나가니 사람들이 TV 뉴스에 나왔다며 우리를 보고 아는 체한다. 올림픽을 치를 도시에서 외국인의 핸드폰을 낚아채 간 것이 그들에겐 걱정스럽고 부끄러운 일이었나 보다. 남편은 여행을 마치고 오면서 사진을 잃어버린 것이 자기의 실수라고 미안해하면서, 그동안 아프지 않고 잘 다녀 주어서 고맙다고 위로해 준다. 손때 묻은 핸드폰은 잃었으나 집으로 돌아와 남편이 찍은 사진으로 만족하고 친구들에게 카톡으로 보낸 사진들을 전송받았다. 사진도 되찾고 남편의 따듯한 위로와 격려도 받았으니 이번 여행은 나름 멋진 여행이었다.

우유니 소금사막

우유니 소금사막을 가기 위하여 볼리비아 라파스에 왔다. 소금사막은 먼 옛날 지각변동으로 바다였던 곳이 솟아올라 물이 고인 곳이 호수가 되고 물이 증발하여 독특한 자연환경이 만들어진 곳이다. 해발 3,680m의 고원에 넓이 1,200km에 100억 톤의 소금이 있다고 추정하고 있다. 이처럼 특이하고도 아름다운 자연은 어디에서도 볼 수 없는 풍광이다.

꾸스꼬에서 비자를 받고 안데스산맥을 넘어 푸노에서 티티카카 호수를 보고 코카 카바나 휴양지에서 버스를 바꾸어 타고 왔다. 라파스는 말할 수 없이 혼잡했다. 도시는 깊은 구덩이 같은 곳, 가파른 산비탈에 걸려 있다. 교통수단으로 시내버스 대신 케이블카가 있다.

도시 꼭대기에 60년대 같은 시장이 있다고 하여 묘지 지구에서 케이블카를 탔다. 묘지 지구는 대단지 망자의 아파트 단지나 다름없다. 시장은 도시의 꼭대기에 넓게 펼쳐진 노천에 있었는데 내가 어릴 적에 보았던 오일장 모습이다.

시장 노점에서 점심을 먹고 시내로 내려왔다. 잉카 유적보다 더 오래되었다는 고대 유적지 띠와나꾸를 다녀오려고 했으나 오후에 우유니 가는 버스가 예약돼 있어서 차가 막히면 시간 안에 다녀오기는 불가능할 것 같아 아쉽지만 접었다.

오후에 우유니 소금사막 투어 하려고 우유니 가는 밤 버스를 탔다. 라파스에서 예약하고 가면 우유니에서 하룻밤을 자지 않고 바로 투어 할 수 있다는 정보를 알고 남편은 2박 3일 투어할 돈을 라파스 여행사에 다 지불했다. '신뢰이고 약속이다.' 차창 밖은 까만 밤하늘에 유난히 별이 많았다. 버스가 예상 시간보다 일찍 도착해 날이 밝지 않아 깜깜했다.

카페에 들어가서 따듯한 차를 마시며 날이 밝기를 기다렸다. 날이 밝아오자 낯선 여자가 다가오더니 핸드폰을 보여준다. 남편과 내 이름이 화면에 떠 있었다. 라파스에서 예약한 여행사에서 연결되어 우리를 찾아온 것이다. 여러 해 동안 여행하면서 약속의 소중함을 느낀다. 열 시가 되어서야 유럽에서 온 젊은이들과 한 팀으로 짐은 지프 지붕에 싣고, 요리사와 영어를 하는 가이드가 두 대의 차를 인솔하면서 2박 3일 소금사막 투어를 출발했다.

제일 먼저 기차 무덤에 내려주었다. 기차는 녹슬고 기울어져 전쟁이 지나간 느낌이었다. 한때는 소금을 실어 나르던 기차라고 한다. 그리고 소금 마을에 갔다. 재래식으로 소금을 갈아 만드는 곳인데 소금이 쓰지 않았다. 소금 덩어리로 깎아 만든 하트모양의 기념품을 사서 차에 오르니 길도 없는 얼음판 같은 소금호수 위를 달린다. 독특하고 신비한 풍광이다. 지금은 육각형 소금 결정체가 신비하지만, 비가 오면 거대한 거울이 되어 하늘을 담아내면 어디가 하늘인지 소금 바다인지 모를 장관을 연출한단다.

이 꿈같은 소금 바다에서 비를 기다려 보았지만, 비를 만나지 못한 것이 아쉽다. 신비의 세상 환상의 세상이다. 첫 번째 날은 소금 호텔에 자게 되었다. 소금 벽돌로 지은 집이다. 식탁도 의자도 침대도 온통 소금이다. 바닥도 모래 같은 소금을 발이 빠지도록 깔아 놓았다. 소금 침대에 누워 벽을 바라보니 신기하다. 꿈을 꾸는 것 같기도 하고 다른 별에 와 있는 것 같기도 하다.

일찍 일어나 다시 차를 타고 길도 없고 포장도 안 된 길을 먼지를 내며 달리니 신비한 풍광이 많았다. 지금도 잊히지 않는 것은 남빛 소금호수에 수많은 플라밍고다. 지구 표면에 이렇게 아름다운 곳이 있다니 감탄이 절로 나왔다. 짠물에서 무엇을 먹고사는지 궁금했다. 천상의 한곳에 와있는 것 같았다. 몇 군데 호수를 보고 길도 없는 사막을 먼지를 내며 덜컹거리며 달린다. 고원으로 계속 달리니 소금사막도 고산증은 남아 있었다. 얼음 호수 같은 것을 달려 잉카인이 심어놓았다는 물고기 섬에 닿았다. 장대만 한 선인장들이 돌 틈에서 자라 멋진 풍광을 만들고 있다. 신비한 풍경에 매료되었다. 또다시 고원을 달리니 풍화 작용으로 땅에서 자란 돌 나무는 바람에 흔들리는 나무처럼 느껴진다.

이틀째 잠자리에 찾아들었다. 물이 귀해 샤워도 할 수 없고 전기도 자가발전으로 하는 산장이다. 남, 여로 나누어서 자라고 한다. 고단한 몸을 쉬려 하니 벽에서 찬 바람이 술술 나온다. 추워서 침낭을 꺼내 덮었다. 자다가 복도 끝 화장실에 가려고 하니 온 세상이 깜깜 세상이다. 비상용 플래시는 남편 배낭에 들어있고, 방을 찾아오지도 못할 것 같았다. 전기가 없던 옛날 달도 없는 그믐날 시간여행을 하는 기분이다. 같은 방에 자던 유럽 아가씨가 폰으로 비추어 주어 겨우 침대를 찾을 수 있었다. 어둠이 지나고 날이 밝아지니 빛의 소중함을 느낄 수 있었다.

투어 삼 일째 되는 날 먼지가 날리는 험한 길을 얼마 동안 달려 활화산 간헐천을 몇 군데 보았다. 우리는 이 신비함을 더 잘 보기 위하여 이른 아침 숙소를 출발하였으나 그곳에 이미 다른 여행객들이 도착하여 간헐천의 풍광을 즐기고 있었다. 우리는 마지막 코스인 노천온천을 향하였다. 이동하는 곳곳에 휴화산의 흔적을 볼 수 있었으며, 지나는 곳의 경관 또한 다른 곳에서는 볼 수 없는 풍광이었다. 기대에 부풀어 드디어 마지막 목적지인 노천온천에 도착하였으나 너무나 실망이었다. 막상 눈 앞에 펼쳐진 것은 마치 웅덩이 같은 모습이었다. 시설이라고는 탈의실뿐이었는데 겨우 옷을 갈아입을 수 있는 정도였다. 화산의 줄기에서 흘러나오는 온천물이라 해서 유황 냄새가 나는 뜨거운 물인 줄 알고 발을 입수하였으나 겨우 찬 기운을 면한 정도로 따듯하지 않았다. 소금사막 투어를 하루 하는 사람도 있고 3일 하는 사람도 있는데 우리는 끝나는 곳에서 다시 버스를 타고 칠레 국경을 넘어 달의 표면 같다는 아타카마 사막으로 갈 계획이다.

국경에 도착하니 긴 줄이 서 있다. 짐 검사를 까다롭게 마치고 칠레의 포장된 도로를 달리니 서서히 고산증에서 멀어지는 것이 느껴졌다. 아타카마는 조그만 사막 도시인데 숙소가 부족해. 시내에서 약간 떨어진 곳에 숙소를 정했다. 이 사막은 풍광이 달의 표면 같아서 나사의 우주인들이 훈련하는 곳이고 달의 계곡도 있다고 했다.

숙소를 찾아 그동안 소금사막에서 못한 빨래와 샤워를 하니 또 다른 별에 온 듯했다. 건조해서 옷이 금방 마르고 사막을 나가니 입안까지 말랐다. 소금사막도 신비한 풍광이지만 이 사막도 자연이 만들어 낸 걸작이다. 지구를 떠나 달나라에 와있는 기분이다.

바람만 사는 엘 칼라파테

엘 칼라파테는 아르헨티나의 파타고니아 지역의 조그만 사막 도시이다. 바람이 많은 지역이라 그런지 도시는 사막 옴팡한 곳에 자리하고 있었다. 바릴로체에서 국내선 비행기를 타고 내리니 공항도 황량한 사막 가운데이다. 승합차가 여행객을 태우고 숙소까지 차례로 데려다주었다.

남편은 이곳은 빙하와 피츠로이산과 또레호수에 트레킹하러 오는 관광객이 많아서 숙박업소가 부족하니 며칠만 공용 침실에서 지내자고 한다. 우리가 예약한 숙소는 도시 초입이었는데 양을 장작불에 통째로 굽는 레스토랑과 마당은 텐트를 치는 야영장을 겸하고 있는 곳이었다. 함께 내린 우리나

라 여학생은 분위기가 안 좋아 보이는지 더 나은 숙소를 찾아 본다고 다른 곳으로 갔다. 방을 정해 주어서 들어서니 2층 4 인용이었다. 방이 좁았다. 맞은편 침대에는 이 나라에서 휴가 왔다는 하마같이 덩치 큰 아저씨가 쉬고 있었다. 주방은 라이터로 불을 붙여야 하는 레인지와 조리 기구가 제대로 없었다. 그래도 여러 나라에서 온 여행객들은 입맛에 맞는 요리를 해 먹느라 즐겁다. 남미의 호스텔을 다니며 우리나라가 물질이 얼마나 풍요로운지 다시 한번 느꼈다.

이튿날 터미널에 가서 모레노 빙하 가는 버스표를 샀다. 승객은 대부분 배낭여행 온 사람들이다. 빙하는 국립공원 안에 있다. 산과 강을 따라 한참을 들어가니 빙하가 보이기 시작했다. 사람들이 함성을 지른다. 추운 줄 알았는데 화창한 봄 날씨 같다. 한쪽은 비취색 강이 흐르고 산에는 처음 보는 이름 모를 보라색 꽃술을 단 붉은 꽃이 많이 피어있다. 다른 꽃은 보이지 않는다.

세계 다른 곳의 빙하는 점점 녹아 줄어드는데 이곳만은 커지고 있다고 한다. 빙하는 높은 산골 구릉에서 밀려 조금씩 내려와 땅에 닿은 곳도 있다. 가끔 빙하가 녹아떨어지는 소리가 천둥 치는 소리 같다. 사람들은 그 순간을 담으려고 카메라를 고정하고 있다. 지구촌 자연 중에 빙하는 아무 곳에서나 볼 수 없기에 더 소중해서 눈으로 담고 가슴에 담았다. 지구는 참으로 신비하고 아름다운 곳이 많다.

엘 찰텐

칼라파테에서 큰 짐은 맡기고 1박 2일 엘 찰텐에 트레킹하러 갔다. 엘 찰텐은 연기를 뿜는 산이라는 뜻이 있고 그곳에는 세계 5대 미봉이라고 하는 피츠로이산과 또래산, 또래호수가 있다.

얼마를 달렸을까! 낯선 풍경에 시선을 빼앗기고 있는데, 버스 앞 차창으로 액자 속 그림 같은 피츠로이 봉우리가 보인다. 멋지고 아름답다. 엘 찰텐에 도착하니 아늑하고 쉬러 오고 싶은 곳이었다. 국립공원 관광 안내소에서 주의사항을 듣고 피츠로이 트레킹에 나섰다. 산 입구에는 유난히도 노란 민들레와 허브가 많다. 길은 가파르지 않고 외길이라 길을 잃어버릴 염려는 없었다.

걸으면서 숲을 보니 나무 종류가 많지 않다. 바람에 고사목이 된 나무가 또 다른 풍광을 만들어 낸다, 여기의 자연환경에 살아남을 수 있는 종류의 나무가 많지 않은가 보다.

다시 발걸음을 떼어 놓고 낮은 곳을 보니 아기자기한 야생화들이 지천으로 피어있다. 카메라에 담으며 걸으니 지루하지 않았다. 앙증맞은 야생화의 만남은 분명 여행의 덤이고 행운이다. 걷다가 개울가 초지에 벌렁 누워 맑은 호수 같은 하늘을 보며 쉬기도 했다. 만년설 피츠로이의 눈 녹은 물이 어찌나 맑은지 그냥 마셔도 된다고 해서 병에 담았다.

피츠로이 빙하를 올려다보고 내려오면서 호수에 발을 담그고, 산에서 거의 내려오니 바람이 불기 시작했다. 기후의 변화가 일어났다. 파타고니아 지역은 바람이 유명하다. 키 작고 연약한 야생화들이 꺾이지 않고 흔들리고 떨면서 바람에 견디는 것이 안쓰럽다. 나는 세상 살면서 이렇게 강한 바람이 불어올 때 어떻게 살았을까! 떨면서 몸을 움츠리고 피하고 싶은 마음뿐이었던 것 같다. 밤새도록 강하고 세찬 비바람이 불었다. 야생화들과 텐트 치고 야영하러 올라가던 배낭족들이 걱정되었다.

둘째 날 약간의 바람이 부는데 또래호수 트레킹에 나섰다. 앞에 가는 사람들을 따라 부지런히 걸었다. 오후에 3시간 거리인 칼라파테에 돌아가야 한다. 10km를 걸어 또래호수에 도착하니 멀리 빙하가 보이고, 커다란 유빙이 호수에 떠있다. 이 호수는 빙하에 밀려 둑이 형성되어 만들어진 것이란다. 주위의 산에는 나무도 풀도 없고 바람만 강하게 몰아쳤다. 빙하 골이라 그런지 우리나라에서는 느껴보지 못한 바람이다. 간식이라도 먹어야 하는데 바람을 막아 주는 곳이 없다. 이곳은 바람만 사는 것 같다. 공중에는 큰 새가 먹이를 찾아 사람들을 맴돌고, 여우가 먹을 것을 찾아 사람들 곁에 나타났다. 야생 여우를 보는 것은 처음이다. 남편이 여우를 찍는다고 따라가더니 오지 않아 한참 불안했다.

또래산 봉우리가 다섯 개인데, 구름에 가려 두 봉우리가 보이질 않는다. 오면서 뒤를 몇 번이나 돌아보아도 도도하게 끝내 보여주질 않았다. 내가 보고 싶다고 보는 것이 아니다. 신의 영역이었다. 마을에 거의 다 돌아왔을 때 넘어지면서 가시 무더기를 손으로 짚어 가시가 손에 박혀 한참 아렸다. 이 가시 무더기는 잎이 퇴화하여 가시가 된 것인데 연두색으로 온산을 덮고 있어서 산 색깔이 아름다웠다. 이름이 '시어머니 포옹'이라고 한다. 우리나라에도 며느리밑씻개라는 가시 달린 풀이 있듯이, 지구의 반대편에도 고부 관계는 다 똑같은 모양이다.

칼라파테로 돌아와 다시 처음 그 방에 돌아갔다. 주방에 나오면 여러 나라 사람을 만날 수 있었다. 영국인 가족이 흙인 며느리를 소중히 위하는 것도 보고, 잘생긴 아랍 에미리트 사람에게 양배추김치도 맛보여주었다, 교직에 있다가 혼자 퇴직 여행 온 중국 아주머니와 닭백숙을 해서 나누어 먹기도 했다. 같은 동양인이어서 쉽게 친해질 수 있었다. 이튿날 아주머니는 북경 집으로 간다며 전기냄비를 주고 간다. 공용 침실도 여러 나라에서 여행 온 사람들 많이 만나고 적응이 되니 재미있었다. 작은 인연들이 모여 나의 남미 여행은 더 아름다운 기억으로 남았다.

며칠 전에는 여행 중 푼타아레나스에서 우수아이아 갈 때 만난 분을 만나 식사를 하고 남산을 걸었다. 그분은 오다가 일본 여행을 하고 왔다며 선물로 과자를 내민다. 아마존에서 식인 물고기에게 물린 손가락 상처는 아직 흉터로 남아 있었다. 지금도 나는 여행 중에 만난 사람을 만나고, 기행문을 쓰고 남미 여행 중이다.

세상의 끝 우수아이아

여행 떠나온 지 꼭 한 달 되는 날, 마젤란 해협이 있는 칠레 푼타아레나스에서 아르헨티나 티에라델푸에고주도에 있는 우수아이아에 가기 위하여 아침 일찍 버스터미널에 갔다. 버스표 예매는 며칠 전 푸에르토나탈레스에서 해 놓았다. 지구의 최남단 땅끝 항구인 우수아이아는 여기서 12시간이 걸린다. 가다가 칠레 국경을 넘고 돌고래가 뛰고 파도가 산같이 높은 바다를 건널 때는 두려움도 컸다. 마을은 보이지 않고 가끔 양 떼와 소무리만 보이는 황무지를 오랜 시간 달렸다. 지루함이 찾아올 때쯤 숲이 잘 우거진 높은 산이 나왔다. 이 산을 넘어야 한다는 것을 직감으로 알 수 있었다. 산 중턱쯤에서 눈이 오기 시작했다. 설경이 그림 같다. 길이 꼬불꼬불하고 위험하니 운전하는 분이 베테랑인 듯한 아저씨와 교대한다.

이곳은 여름이라고 해서 집에 두고 온 겨울옷 생각이 나고 추위에 대한 걱정이 되었다. 사막을 지나고 바다를 건너고 산을 넘어 저녁때가 돼서야 우수아이아에 도착했다. 또 다른 낯설고 새로운 세상이 우리를 기다리고 있었다. 사람들은 버스에서 내려 제 갈 길로 다 갔다. 여기에서는 남미 여행 중 처음으로 한국인이 운영하는 민박집에 5일 동안 머물기로 되어있다. 유일하게 우리나라 사람 한 가구가 살고 있다고 한다.

숙소를 찾아가려고 택시를 탔다. 비탈 마을 언덕으로 올라가 이층집 앞에 내려주었다. 우리말을 잘하는 대학생쯤 되는 사람이 아래층 방을 안내한다. 여름이라고 하는데 난로가 거실에도 방에도 켜져 있다. 주방 시설은 우리가 생활하기에 불편함이 없었다. 마을이 언덕이라 비글해협과 설산들이 시원스레 잘 보였다. 조금 후 농장에서 돌아온 60쯤 되어 보이는 주인 아줌마가 환전도 해주고 여행할 곳을 남편과 이야기한다. 대화가 잘 통하니 체증이 내려가는 기분이고 여행하기가 훨씬 수월하다.

이곳은 남극까지 1,000km, 지구촌 땅끝마을인 조그만 항구도시다. 세모 지붕에 색깔이 다른 유럽풍 집들이 예쁘다. 항구에는 남극으로 떠나려는 화물선, 크루즈 여객선이 분주하다. 마을과 항구는 설산이 둘러싸여 있어 어디를 보아도 자연경관이 맑고 아름답다. 오염되지 않은 자연의 낯섦이 신선함으로 다가온다. 눈이 많이 쌓여있는 산 쪽이 남극이 있는 쪽이라고 이곳에 사시는 할머니가 가르쳐 주신다. 거대한 땅 남미, 페루에서 시작하여 지구촌 땅끝까지 온 것이 가슴 벅차다.

우리나라와 시차는 12시간이고, 여름이라고 하는데 우리나라 이른봄 같았다. 화단에 봄에 피는 꽃들과 민들레도 많이 피어있고, 샛노란 맥꼴라 라고 하는 꽃도 많이 피어있었다. 앞에 보이는 바다는 비글해협이고 날씨는 하루에도 사계절이 나타났다. 오전에는 맑았다가 오후에는 바람이 많이 불고 눈도 오고 비도 오곤 했다.

해가 지지 않아 밤 열 시가 넘어도 어두워지지 않고 아침에도 새벽 4시면 밝았다. 일출과 일몰을 볼 수 없었다. 이야기로만 듣던 백야이다. 낮이 길어 하루가 이틀 같았다. 그곳 사람들은 활동할 수 있는 시간이 길어서인지 늦게 하루를 시작하는 것 같았다.

이렇게 먼 곳, 지구의 땅끝마을까지 우리나라 사람이 자리잡고 사는 것이 궁금했다. 민박집 아주머니는 여기서 살게 된 이야기를 해 주었다. 시아버지가 이북 분인데 서울에서 교장 선생님이었고, 이민 일세대로 브라질에 이민 와서 더 나은 곳을 찾다가, 아르헨티나에 정착하게 되었다고 한다. 밤에는 성인학교에 낮에는 라뻘라따대학에 다니던 중, 해양경비대 사령관과 친분이 쌓여 우수아이아에 여행한 것이 인연이 되어 이곳까지 오게 되었다고 한다. 이곳에 와서 고기보다 채솟값이 삼 사배 비싼 것을 보고, 이유를 물으니 기후 때문에 채소가 잘 자라지 않아 부에노스아이레스에서 공수해 와서 비싸다고 했다.

처음에는 채소를 기른다고 하니 사람들이 펭귄도 웃겠다고 하더란다. 일본 사람과 이탈리아 사람이 실패한 후라서 더 믿지 않았지만, 시아버지는 길섶에 민들레가 자라는 것을 보고 확신을 얻어 토질과 식물 분포를 면밀하게 조사하여 채소 재배를 시작했다. 땅과 영농자금도 주지사에게 요청하여 호의적으로 받아들여져 비닐하우스를 지어 상추며 채소를 길러 성공했다. 성실하게 농사지어 처음에는 그곳 해군들에게 신선한 채소를 대주고 주민들에게도 나누어 주었다고 한다. 그렇게 노력하여 해군 제독에게 인정을 받게 되었다.

이분이 나무뿌리를 캐내고 개간하여 농사를 짓던 땅이 아르헨티나와 영국의 포클랜드 전쟁으로 인하여 정부에서 해군 전력 증강을 위하여 필요하게 되었다. 이분 땅을 수용하는 대신에 우수아이아 근처에 있는 12.5헥타르(37.500평)의 땅 소유권을 아르헨티나 정부로부터 이전받게 되었다. 지금은 그 땅에 하우스를 지어 화훼 재배를 하여 그 지역의 호텔과 관공서 등에 꽃을 독점으로 대주며 잘살고 있었다.

남편이 돌아가시기 전에는 하우스에서 채소도 함께 재배하여 많은 수익을 올렸으나 일손이 달려 채소 농사는 접고 지금은 화초 재배만 하고 있다고 한다. 지금은 그렇게 많은 땅을 외국인에게 소유권을 이전해 주는 일은 없다고 한다. 시아버지께서는 일본 사람들이 남미에 이민 와서 잘사는 것을 보고, 일본 사람은 하는데 우리나라 사람은 왜 못 하느냐고 하면서 우리나라 사람이 다 같이 잘살아야 한다고 늘 말씀하셨다고 한다.

결혼할 때 이곳은 귀신도 외로운 곳이라고 하시던 선구자 시아버지가 돌아가시고, 남편이 뒤를 이어 농장을 하다 남편도 몇 년 전 위 수술을 하다 마취에서 깨어나지 못해 돌아가셨다고 한다. 지금은 87세 시어머니와 아들 둘을 의지하고 살고 있었다. 아들 둘이 한국 사람으로서는 처음으로 여기에서 태어나, 몽고반점을 의사들이 사진도 찍었다고 한다.

그는 시아버지의 성공담 등이 신문에 실렸던 기사를 스크랩해 놓은 것을 보여주었다. 시부모님께서 해군 제독에게 초대받아 태극기를 걸어놓고 만찬하는 사진, 우리나라 대통령과 장관으로부터 받은 표창장들이 있었다. 1982년에는 아르헨티나 비델라 대통령이 농장을 방문해 격려하기도 하고 부에노스아이레스 농과대학 학생들이 현장 실습도 했다고 한다. 할아버지는 한국인의 자랑이며 개척자이며 선구자이시다. 할머니는 중요한 자료들은 부에노스아이레스에서 할아버지에 관한 책을 낸다고 다 가져갔다며, 내가 글 쓰는 것을 좋아한다니 재야 남미 문예지 등 책 몇 권을 챙겨 주셨다.

날씨가 좋아 배를 타고 비글해협으로 나갔다. 항구의 유럽풍 예쁜 집들과 설산들이 오염되지 않은 맑은 공기가 더해져 어디를 보아도 너무 아름답다. 가마우지섬. 물개섬, 펭귄섬, 지구의 마지막 에클레우르스 등대까지 다녀오니 여권에 기념도장을 찍어주고 인증서까지 주었다.

좋았던 날씨가 오후가 되니 돌변하여 금방 빗방울이 떨어지다가 눈발이 날린다. 이곳은 날씨의 변화가 심해서 시간을 짧게 잡고 오면 배도 타보지 못하고 아름다운 설산도 보지 못하고 돌아간다고 한다.

그랜시아라는 전망대에 갔다. 목적지인 전망대 꼭대기에 올라가 빙하를 보기 위해 골짜기 깊은 산속으로 가려고 하는데, 눈보라가 어찌나 강하게 휘몰아치는지 눈을 뜰 수가 없고 몸을 가누기가 힘들어 떠밀리다시피 하여 되돌아 나오게 되었다. 마치 산이 우리를 빙하가 있는 골짜기로 들어오지 말라고 거부하는 것 같았다.

셋째 날 아침에 일어나 날씨가 좋은가 문밖으로 나가 먼저 살폈다. 다행히 날씨가 좋았다. 차를 빌려서 오다가 만난 우리나라 아저씨와 함께 볶음밥을 만들어 점심을 준비해서 국립공원에 갔다. 그곳에서 관광열차를 타고 중간중간에 내려서 구경하면서 지구의 땅끝, 월드앤드까지 갔다. 색깔도 선명한 노란 민들레가 초원에 만발해 있었고, 말들이 평화롭게 풀을 뜯고 바다와 이어진 호수와 그 주변에는 예쁘고 아름다운 것이 많았다.

하루는 시간 여유가 있어 산이 멋있는 곳을 향하여 해변도로를 걸었다. 해초들이 바다 위에 많이 떠 있다. 집에서 먹던 미역이 생각났다. 바위와 돌에도 홍합과 삿갓조개가 다닥다

닥 붙어 있다. 우리는 산을 향하던 발걸음을 멈추고 홍합과 조개를 봉지에 담았다. 저녁에 바다에서 따온 홍합과 삿갓조개를 주인집도 나누어 주고, 홍합 삶은 국물에 칼국수를 만들어 와인과 함께 만찬의 즐거움을 함께했다. 함께 여행하던 분의 대금 연주는 저녁 만찬의 분위기를 더욱 잊지 못할 추억으로 만들어 주었다. 우수아이아는 청정한 자연에 취하게 하고 세상 끝(Fin del Mundo)이라는 의미가 있어 다시 오고 싶은 곳이었다.

다음 여정지, 부에노스아이레스로 오면서 그 먼 곳에서 남편 없이 선구자인 시아버지의 유지를 받들어 농장을 오가며 사는 여인이 안쓰러웠다. 마치 피붙이를 떼어놓고 오는 마음이었다. 우리는 눈물 글썽한 눈으로 서로 꼬-옥 껴안고 포옹으로 작별 인사를 하고 공항으로 향했다.

5

지상의 낙원을 찾아서

지상의 낙원을 찾아서

중국 운남성 북서부에 있는 샹그릴라는 꼭 한 번 가 보고 싶었던 곳이었다. 제임스 힐턴의 잃어버린 지평선(1933년 발표)의 이상향으로 등장하는 샹그릴라는 그 소설이 영화화되면서 유명해졌다. 원래의 지명은 중땅이었는데. 2001년 중국 정부에서 지명을 바꾸었다. 티베트족 후이족 등이 사는 해발 3,400m의 고도의 도시로서 차마고도의 중심지로 번영했던 곳. 티베트어로는 마음속의 해와 달이라는 뜻이라고 한다.

늙지도 않고 병들지 않으며 죽지도 않고 고통도 없으며 평화롭고 영원한 행복을 누릴 수 있는 유토피아라는 뜻을 간직한 샹그릴라를 처음 안 것은 3년 전 쿤밍을 갔을 때다. 칭다오에서 일하다가 한쪽 팔을 잃은 우리나라 사람이 고층 아파트에서 민박도 하며 보이차도 팔고 여행에 관한 일을 하고 있었다. 아파트 한쪽 벽을 차지한 잔디 위의 나비 같은 소녀의 사진이 있다.

자신이 재혼했는데 부인이 데리고 온 딸이라고 한다. 처음 본 우리에게 속내를 이야기하던 순박하고 편안해 보이던 사람이다.

이번 여행에 그곳이 포함되어서 내심 기뻤다. 그곳에만 가려면 좀 더 가까운 길도 있지만, 우리의 여행길은 인천에서 배를 타고 청도로 가서 낙양, 서안을 거쳐 성도에서 리장, 샹그릴라를 가는 계획이다. 여행하면서 갔지만, 그 길은 멀고 멀었다. 성도에서 쿤밍으로 가는 밤 기차를 타고 중간에 판지화라는 곳에 새벽에 내렸다. 그곳에서 리장 가는 버스가 하루에 한 번 있다고 했다. 역 밖으로 나오니 기차를 함께 타고 온 여자대학생 3명이 화평이라는 곳까지 간다며 미니벤에 짐을 실어놓고 있었다. 운전기사는 그 학생들을 화평에 내려주고 우리는 리장까지 태워다 준다고 해서 요금까지 정하고 탔다.

그런데 기사는 화평으로 오면서 누군가와 계속 손전화를 하는데 우리는 한마디도 알아들을 수가 없었다. 덜컹거리는 캄캄한 길을 한참을 달리다가 갑자기 나타난 차에 우리를 옮겨 타라고 한다, 남편은 NO라고 외쳤다. 그리고 화평에 학생들과 함께 내려 달라고 했다. 신뢰가 깨진 사람을 믿을 수 없기 때문이다. 화평에서 내려 대중교통을 이용하기로 했다. 그것이 안전한 여행길이라고 남편이 판단했기 때문이다. 버스터미널에서 미니버스를 탔다. 타고 보니 집에 간다던 한 학생은 더 가야 하는지 미니버스에 타고 있었다. 반가워 간식을 조금 건네주었다.

화평에서 리장 가는 길은 지옥의 길이라고 한다. 그러나 한 번은 꼭 가봐야 할 길이라고 한다. 리장 가는 그 길이 너무 아름다워 감탄이 절로 나온다. 삶이 만들어놓은 끝도 없는 다랑이 밭, 작물의 색깔이 그림보다 더 아름다웠다. 고단한 여행길 속에 핀 꽃이다.

운전기사는 그 어렵고 먼 길을 리듬을 타듯 온종일 운전하여 리장에 내려 줬다, 안전운전을 해준 기사가 감사했다. 아무나 운전할 수 없는 길. 미니버스를 탄 것은 너무나 잘한 일이었다. 동행인 형님은 남편의 오랜 배낭여행에서 나온 순발력 있는 판단이라고 칭찬했다. 늦은 점심을 먹고 샹그릴라 가는 버스를 탔다.

같이 탔던 학생은 리장에 거의 다 와서 어느 도시에 내렸다. 청도에서 대학에 다닌다는 학생이 집에 다녀오는 길은 유학보다 먼길. 2박 3일간 차를 타는 것을 보고 좁은 우리나라가 떠올랐다.

샹그릴라 호텔에서 딸이 북경대학교에 교환학생으로 다닌다는 여행 온 가족을 만났다. 그분들이 샹그릴라 고성이 안타깝게도 이틀 전에 불탔다고 알려주어 고성에는 가지 않았다. 하늘 밑에서 제일 높은 도시, 맑고 투명한 하늘이 가까워 보였다. 샹그릴라를 떠나오면서 실망한 표정으로 남편에게 물었다. 어째서 이 도시가 이상향이고 유토피아냐고. 남편이 대답했다. 하늘 아래서 제일 높은 도시인데 경관이 아름답고 물이 많고 호수도 있고 나무도 잘 자라 숲이 우거지고, 가축도 사람도 살기에 아주 좋은 곳이라고 했다. 이만하면 자기가 느끼기에는 이상적인 곳이라고.

자연이 신비하고 아름다운 곳일 거라고 기대를 하고 갔지만 내가 유토피아라고 느끼기에는 조금은 허망함이었다. 사람들은 모두 샹그릴라 같은 유토피아를 찾지만, 실제 유토피아는 동경의 세상에 불과한 것, 이번 여행처럼 찾아가는 그 과정, 그 길이 아름다운 것이다.

쿤밍에서 라오스로

리장에서 기차를 타고 새벽에 쿤밍에 내렸다. 쿤밍에서 라오스 루앙프라방 가는 국제 버스를 밤 9시에 탔다. 몇 시간이 걸릴지는 모른다. 차표에는 출발 시각은 있어도 도착 시간은 없다. 이번 여행 중 가장 긴 시간이 될 것이다. 쿤밍은 3년 전 석림 갈 때 왔었다. 이번은 라오스에 가기 위하여 리장에서 밤 기차를 타고 왔다. 역에는 대합실이 없는지 기차를 기다리는 젊은 사람들이 많아 자리가 부족했다. 그곳 화장실에서 세수하고 날이 밝자 일행인 아저씨와 남편이 라오스행 국제 버스표를 사 왔다. 현지에서만 버스표를 구할 수 있어 예약하지 못해 걱정했는데 뒷자리이지만 버스를 탄 것만도 다행이다. 이 루트는 탈북자들이 중국에서 라오스를 거쳐 우리나라로 입국하는 길이라 하니 새삼 정이 갔다.

15일간의 중국 여행을 무사히 마치고 중국 국경에 출국 신고서를 라오스에 입국 신고를 했다. 짐 검사도 하지 않아 국경을 쉽게 통과했다. 중국과 많은 차이가 느껴졌다. 몸보다 큰 제복을 입은 라오스 사람들이 선한 느낌으로 다가온다. 아침을 먹고, 타고 온 버스를 도로 탔다. 고불고불한 산길은 국도인데 포장이 안 되어 흙먼지가 많이 날렸다.

종일 낡은 국제 버스는 덜덜거리며 밀림의 능선길을 달렸다. 창밖을 보면 대나무로 원두막처럼 지은 집 마당 한쪽에 모닥불을 피워 놓고 여인과 눈망울이 반짝이는 아이들이 차가 지나가는 것을 바라보고 있다. 닭과 돼지는 자유로이 먹이를 찾고, 빗자루 만드는 갈대 같은 풀을 잘라다가 말리는 곳이 많았다. 산촌의 겨울은 이렇게 지내는 모양이다.

25시간은 걸려 밤 10시가 되어서야 불빛도 없는 허허벌판에 다 왔다며 내려 줬다. 버스에서 남편이 사귄 중국 남자 대학생과 개조한 작은 트럭을 타고 루앙프라방 여행자 거리로 왔다. 몽족의 야시장이 열리고 불빛이 밝았다. 우선 숙소를 구해야 하는데 늦게 도착해 숙소가 다 차서 구하기가 쉽지 않았다.

세계 곳곳에서 날아온 여행객이 많다는 것을 느꼈다. 학생과 남편이 열심히 찾아도 없어서 처음에 갔던 집 5인실에서 학생도 함께 이틀을 잤다. 먹거리가 풍성한 먹자골목 가서 밥도 몇 끼 같이 먹고 여행도 함께했다. 정이 들었다. 물론 그 학생이 자기 몫의 경비를 내려고 했지만, 우리가 냈다. 언어가 통하지 않는 우리를 도와주려 애썼다. 다음 여행지 방비엥에 같이 가자고 하니까 중국은 라오스에 3일만 무비자여서 그곳에만 있다가 돌아가야 한다고 했다. 중국 젊은이는 순수하고 친절했다.

아침 6시에 탁발이 있다고 해서 보려고 고단함을 이기고 새벽에 한길로 나왔다. 어두운 거리에 탁발할 밥과 과일 쟁반 파는 아주머니만 한 명이 있었다. 알고 보니 중국과 라오스 시차가 한 시간인데 그걸 깜박하고 일찍 나온 것이다. 탁발에 참여하려고 바나나가 있는 과일 쟁반을 샀다. 현지인과 관광객이 한길에 무릎 꿇고 길게 앉았다. 주황색 가사를 입은 맨발 스님들의 긴 행렬은 탁발한 밥과 과일을 가난한 소녀들의 바구니에 나누어 준다. 소녀의 바구니는 먹을 것이 많아졌다. 그러고는 스님들은 한길을 건너 사라졌다. 그 소녀도 그것을 누군가와 나누어 먹을 것이다. 아름다운 나눔의 꽃이 피는 순간이다.

천하제일측(天下第一厠)

두 부부가 타고 온 차가 긴 협곡을 지나더니 멈추었다. 어둑어둑한 해질녘, 목적지에 도착한 모양이다. 아침에 샹그릴라에서 작은 포탈라궁이라고 하는 송창림사를 다녀와서 출발했다. 오다가 석회석 퇴적물이 다랑논처럼 만들어놓은 백수대를 보고, 호도협(虎跳峽) 트레킹을 하기 위하여 차오토우에 도착했다. 이곳은 해발 1,800m 고지대 작은 마을이다. 산이 병풍처럼 마을을 감싸 안았다. 어두움이 내리니 이방인이라는 서글픔과 낯섦이 밀려왔다.

샹그릴라 호텔 앞에서 손님을 기다리던 차를 요금을 에누리해서 타고 왔다. 타고 보니 기사분이 좋은 사람이었다. 언어는 통하지 않지만, 마음으로 서로를 배려했다. 일하는 것이 단지 생계를 위한 것이 아니라 즐기는 것 같았다. 고불고불하고 얼음이 남아 있는 길은 중얼중얼하면서 운전하고 음악을 틀어놓고 따라 하기도 했다. 간식도 나누어 먹고 점심도 같이 먹었다. 경치가 좋은 곳은 사진을 찍으라고 차를 세워주었다. 우리는 깎았던 차비를 도로 다 주고 조금의 수고비까지 얹어 주었더니 매우 고마워했다. 돌아갈 길이 먼 아저씨에게 무사히 잘 가라고 손을 흔들었다.

숙소를 찾으려 하니 내린 곳, 옆에 있던 식당 아주머니가 이삼 층이 숙소라고 안내를 한다. 침대에 전기장판도 있고 샤워실도 있으니 하룻밤 묵기에는 괜찮았다. 쉽게 마땅한 숙소를 구했으니 행운이다. 겨울인데 식당은 문이 없고 밖과 소통해 있다. 저녁을 먹고 가게에 가서 트레킹할 때 먹을 쌀로 만든 과자와 물을 샀다. 겨울이라 그런지 과일은 없었다. 점심은 밥을 사서 가져간 김과 잔 멸치로 주먹밥을 준비하려고 했는데 아침에는 밥이 없고 쌀국수만 된다고 한다.

큰 짐은 맡겨두고 작은 배낭에 1박 2일 트레킹에 필요한 것만 챙겨서 호도협 트레킹에 나섰다. 호랑이가 포수에 쫓겨 계곡을 건너뛰어서 붙여진 이름이란다. 그곳에는 호랑이상을 만들어 놓았다. 운남성 호도협 트레킹은 남미의 마추픽추로 가는 잉카트렉, 뉴질랜드 남섬의 밀포드사운드 트렉과 함께 세계 3대 트레킹 코스 중 하나라고 한다. 어제 올 때 산이 얼마나 높고 웅장한지 무한한 자연 앞에 내가 한없이 작아져 두려운 생각이 들었다. 며칠 전 구채구에 갔을 때 심한 고산증을 경험한 나는 미리 남편한테 못 간다고 떼를 쓰고 있었다. 그랬더니 말을 타고 가라고 달랜다.

아침 일찍 산 입구를 물어 걸었다. 매표소를 지나 걸으니 겨울인데도 화사한 살구꽃이 반겨주었다. 우리나라 이른 봄날씨처럼 투명하고 맑았다. 한결 걱정스러웠던 마음이 가벼워졌다. 길은 안내판도 없이 좁은 오솔길이었다. 아주 원시적인 방법으로 돌에 가끔 빨간 페인트 화살표만 있을 뿐이다. 멀리 계곡 아래에는 금사강(金莎江)이 흐르고 협곡을 사이에 두고 옥룡설산(玉龍雪山, 해발 5,596m) 서쪽을 바라보며 1박 2일 걷는 길은 합파설산(5,396m)이 있는 쪽이다. 히말라야의 끝자락. 차마고도 일부라고 한다. 천길만길 낭떠러지 밑에 협곡 물이 실개천처럼 가늘어 보이고, 걷는 내내 건너편에는 나무도 살 수 없는 바위산이 끝없는 파노라마다, 사람이 올라가지 못한 산이란다.

두 시간 정도 걸었을까 나시객잔(納西客棧)까지 왔다. 점심도 먹을 수 있는 곳인데 마을 사람들이 모여 결혼식 준비가 한창이다. 여행 중 이런 것을 만난다는 것은 행운이다. 마당 한쪽은 노란 옥수수를 엮어 장식으로 달고, 방금 잡은 양고기, 닭발 요리, 음식 준비가 한창이고 대문밖에는 남자들이 소나무 가지를 꺾어다 아치를 만들고 있었다.

그곳을 지나니 어느새 체구가 작은 아저씨가 말과 함께 따라오면서 말을 타라고 보챈다. 내가 힘들어하니까 남편이 타라고 권한다, 좁은 비탈길이라 말을 타는 것도 겁이 났다. 힘들어하지 않고 갈 줄 알았던 말도 오르막이라 사람처럼 힘들어했다. 미안해서 말의 등을 두드려 주었다.

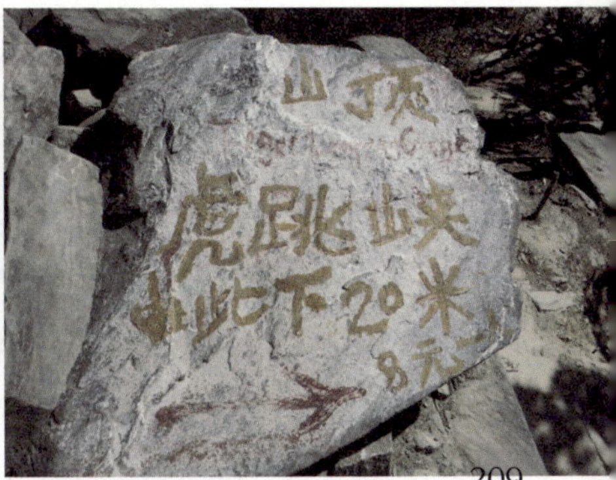
虎跳峡
由此下20米
8元

가파른 길을 한참 올라오더니 마부가 내리라고 한다. 여기까지가 말이 올 수 있는 곳이란다. 바람막이가 있고 깃발이 나부끼는 전망대다. 여기가 트레킹 코스 중 가장 가파른 28벤드라고 한다. 밑은 현기증이 날 정도로 낭떠러지다. 남편은 사진 찍을 때 조심하라고 몇 번이나 주의하라고 하였다. 프랑스에서 왔다는 젊은 남녀를 만나 같이 쉬면서 다시 걷기 시작했다.

우리 목적지는 중도객잔(中途客栈)이다. 그곳에서 하룻밤을 잘 것이다. 28벤드를 지나고, 산허리를 걸으니 험하지 않고 흙길이라 좋았다. 다행히 고산 증상도 없었다. 차마객잔(茶馬客栈)에 들러 옥상에서 쉬는데 주인아주머니가 은은한 향이 나는 따듯한 차를 한 주전자 가지고 와서 따라주며 어디까지 가는지 묻지도 않고 묵어서 가라는 말 한마디 없이 차만 주전자 채로 주고 들어간다. 맑은 바람에 하얀 침대 커버만이 날린다. 들꽃 같은 여인 닮은 차 맛을 잊을 수 없다. 그 차를 살 수는 없느냐고 물어나 볼걸…….

먼지가 날리는 길에는 가끔 말똥이 있고, 멀리 산비탈에 집이 몇 채 보이면 갈비 나무를 하는 여인들이 소나무 숲에서 부스럭거린다. 걸음을 재촉하다 보면 양을 돌보는 노인도 외롭게 앉아있다. 메마른 산길 옆에 아주 작은 보라색 별 모양 야생화도 만났다. 고개만 돌리면 질리도록 높은 산과 작은 꽃이 자연의 신비함을 말해준다. 걷다 보면 중도객잔(HALF WAY)가는 길 화살표만 있을 뿐, 몇 미터가 남았다는 표시는 도착할 때까지 없었다.

산의 파노라마를 눈과 마음에 담으며 온종일 9시간은 걸었다. 몇km를 걸었는지 중도객잔에 도착했다. 나무로 비탈에 지은 2층 게스트 하우스다. 전망 좋은 식당에는 유럽에서 온 젊은이들이 어울려 맥주를 마시고 있다. 벽에는 우리나라에서 다녀간 사람들의 낙서가 제일 많다. 여기 오면 우리나라 사람이 누구나 즐겨 먹는다는 오골계 백숙을 두 마리 시켜 온종일 걸어온 피로를 풀었다. 인상적인 것은 그곳에서 일하는 남자아이가 열두세 살 되어 보이는데 너무 즐겁게 일을 하고 있었다. 노래를 부르며 백숙을 가져다 놓으면서 우리나라 말로 '맛있겠다.'를 연발하며 가벼운 몸짓과 밝은 표정이다. 학교에 다닐 나이인데 즐거운 마음으로 일하는 그 애가 행복해 보였다.

우리는 마당에서 계단을 내려가는 공동 화장실을 사용하는 방을 사용했는데 전망이 좋았다. 밤에는 별과 닭 우는 소리, 바람 소리, 말방울 소리만 들려 고요함이 더했다. 느긋하게 며칠 있고 싶었다. 화장실은 한쪽에 옥수수 포대를 쌓아 놓을 정도로 넓은데 내부도 외부도 창이 없어 바람이 마음대로 드나들고, 볼일을 보면서도 옥룡설산의 풍광을 만끽할 수 있다. 산수화 액자 같다. 여행하는 사람을 배려해서 만든 화장실임이 틀림없다. 벽에는 나무판에 천하제일 측(天下第一厠)이라고 쓰여 있다.

'세상에서 제일 경치가 좋은 화장실이다.'

필담(筆談)

우리 부부는 일상을 탈피해 또 다른 세상과 부딪혀보고 신비한 자연을 보기 위하여 올해도 배낭여행을 떠나기로 했다. 길 떠남은 온전히 나에게로 향한다는 마음으로, 보름 동안 베트남 하노이에서 시작하여 하롱베이를 다녀와서 중국 국경을 넘어 난닝을 거쳐 계림에 가고, 밤 기차를 타고 가서 쿤밍을 여행한 다음 다른 루트로 하노이에 돌아와 집으로 돌아오는 여행 계획을 세웠다. 이 루트는 배낭여행하는 사람이 많지 않다고 하니 불안했다. 제일 걱정 되는 건 언어가 통하지 않는다는 것이다.

며칠 전부터 짐을 줄이기 위하여 머리를 써보지만, 준 것이 별로 없다. 몸 상태도 좋지 않은데 여행의 고단함을 잘 참아낼는지 두려움 반 설렘 반이었다. 여행은 이미 시작되었다. 한 번도 가 보지 않은 낯선 길이 나를 기다리고 있을 것이다. 이번에는 인도 여행을 함께 했던 부부가 동행하지만, 베트남어 중국어를 아는 사람은 없다. 이십여 년 전 중국 배낭여행을 한 남편만 믿고 가기로 했다. 그러나 가는 곳은, 초행길이다.

의사소통에 도움이 될까 하여 서점에 들러 중국어 회화책을 샀다. 그러나 별 도움이 되지 않았다. 영어가 전혀 통하지 않는 중국은 배낭 여행하기가 힘들었다. 여행사 사람도 호텔 안내자도 영어를 할 줄 몰랐다. 영어를 하는 사람은 계림에서 시내 투어 후 집을 찾을 때 만난 한 아가씨뿐이다. 계림이나 쿤밍 관광지에서는 유럽에서 온 여행자는 찾아볼 수 없었다. 남편은 지도와 수첩을 들고 다니며 필담으로 의사소통을 했다. 차표를 예약할 터미널을 찾을 때나 관광지 투어를 갈 때, 언제든지 소통하려면 필담으로 해야 했다. 어느 때는 우리도 답답했지만, 그들도 답답해했다. 들어도 듣지 못하고 말 못 하는 사람의 마음을 조금은 헤아릴 수 있었다. 소통이 되지 않으니 어느 때는 불신이 생겼다. 그러나 중요한 것은 마음의 공유였다. 언어는 몰라도 마음은 통하기 마련인가 보다. 서로 조금씩 양보하면 일이 성사되기도 했다.

설 명절 때문에 열차표 구하기가 힘들고 교통대란일 거라고 여행경로를 거꾸로 잡고 갔는데. 우려했던 것보다 여행은 애초의 계획대로 무사히 마쳤다. 약간의 호사가 필요했지만 낯설고 때론 반가운 길을 반복하면서…….

국경을 넘어 난닝에 도착하니 계림 가는 버스 정거장이 외곽에 있었다. 국경에서 타고 온 버스 기사는 친절했다. 기사 아저씨의 친절 때문에 중국의 이미지가 바뀌었다.

계림의 겨울 날씨는 안개가 많아 해를 볼 수가 없었다. 그래서 더 운치 있고 수묵화 같은 풍경을 볼 수 있었다. 민박집이 우리나라 시인이 운영한다고 해서 기대를 하고 갔다. 현관에 들어서니 거실에 시 액자가 여러 개의 풍경 사진과 함께 걸려 있다. 남편이 내가 문학을 좋아한다고 했는지 나의 침대 협탁에 문학잡지가 놓여있었다. 설이 일주일이 지났는데 밤중이나 새벽이나 요란한 폭죽 터트리는 소리에 잠이 깨었다. 하루는 그 집 차를 렌트해서 계림을 둘러보았다. 4시간의 리강 유람도 좋았지만, 양삭의 은자암 동굴은 석순이 음악의 선율처럼 아름다워 잊을 수 없고, 진나라 도연명이 쓴 도화원기에 있는 아름다운 배경을 근원으로 만들어진 곳, 무릉도원을 본떠서 만들었다는 세외도원에는 복사꽃이 환하게 피어있다. 밤에 관람한 장예모 감독이 기획한 자연을 무대로 물 위에 펼쳐지는 수상 쇼 인상유삼제는 좋은 예술작품 하나가 얼마나 많은 부를 부르는지 새삼 느꼈다.

계림에서 쿤밍 가는 침대 열차표를 기적적으로 구해 18시간에 걸려 도착했다. 쿤밍은 영원한 봄의 도시다. 날씨가 맑고 목련과 매화꽃이 화사하게 피어있어서 여행하기에 좋은 날씨였다. 석림, 구향동굴, 용문석굴, 대용수, 민속촌 등을 나흘 동안 보고, 쿤밍에서 라오까이(하구 河口)까지 밤 침대 버스를 타고 새벽에 내렸다. 날이 밝기를 기다려 국경을 넘어 베트남 열차를 갈아타고 하노이까지 오는 데도 19시간이 걸렸지만, 베트남의 농촌 풍경을 감상할 좋은 기회였다. 한참 모를 심고 있었다. 어릴 때 봤던 우리나라 모심는 풍경과 비슷했다. 소가 쟁기질을 하는 것과 모판에 모를 길러 심는 광경이 과거로의 시간여행을 하는 기분이었다.

차창에 스쳐 가는 풍경을 바라보고 있노라면 어느 때는 결점투성이인 내가 선명하게 비쳐 보이기도 했다. 남이 자신을 아는 것보다 자기 자신을 잘 알지 못하니, 나를 찾아 떠나는 것이 여행이라 했던가? 내려놓고 가려던 근심거리가 베트남, 중국까지 따라와 보채기도 했다. 모든 것은 스치는 바람에 날려 보내야겠다. 운무에 가린 산봉우리가 신선이라도 내려올 듯하다.

하노이에 돌아오니 계림과 쿤밍과는 달리 가이드가 영어를 하고 유럽 여행객도 많았다. 땀콕을 가고 마지막 날 저녁 8시 비행기니 그 하루 시간이 아까워 파고다라는 곳으로 투어에 참가하기로 했다. 전날 땀콕을 갔던 그 가이드여서 반가웠다. 두 시간을 달려 목적지에 닿아 보트를 타러 강가에 도착했다. 색깔 짙고 단맛 도는 열대과일도 풍성했지만, 강을 가득 메운 양철 보트에 놀랐다.

우리는 양철 보트 하나에 유럽에서 온 두 사람 일행과 노 젓는 사람까지 8명이 탔다. 뱃전에 물이 찰랑찰랑 곧 배로 넘어 들어 올 것 같다. 그런 보트는 아무렇지도 않은 듯, 한 시간을 노 저어 갔다. 강가에 산들은 숲이 우거져 있다. 보트에서 내려 강가에 늘어선 음식점들에서 또 한 번 놀랐다.

이름을 알 수 없는 야생동물들이 털이 벗겨진 채 매달려있고. 철사 망에는 수달처럼 생긴 동물이 잡혀 와서 겁먹은 눈을 하고, 진열품으로 가게 앞마다 놓여있다. 이름을 가이드에게 물어보니 림이라 한다. 저렇게 많이 잡으면 머지않아 야생동물이 멸종위기를 맞을까 걱정되었다. 조금 올라가니 천년고찰 파고다라는 절이 있다. 사람이 많고 부처님께 올리는 물건 파는 곳도 많았다. 그 많던 양철 보트는 절에 불공을 드리러 가는 교통수단이었다.

배낭여행을 하면 현지 사람들 생활을 좀 더 깊숙이 바라볼 수 있어서 좋다. 이번 여행에서도 다양한 삶을 만날 수 있어서 좋았고, 신비한 자연을 눈으로 마음으로 많이 담아 올 수 있어서 좋았다. 인생이 지루하다고 느낄 때, 나를 찾아 떠나고 싶을 때, 잠시 쉬어 가도 좋은 그 길을 다시 갈 수 있기를 기대해 본다.

당나귀 길

우리는 북인도를 여행하고 다음 여정지 히말라야 트레킹을 하기 위해 네팔의 접경지역인 소나울리로 향하고 있는 길이다. 샛노란 유채밭이 끝이 없다. 황량한 사막에 자기 몸보다 큰 건초 더미를 실은 낙타가 길을 간다. 끝이 없는 지평선을 우리는 달린다. 노래 가사를 몰라도 짐작이 간다, 한 많은 여인이 토해내는 길고도 구슬픈 인도의 음악이 바람이 되어 차창 밖으로 흩어진다. 잠시 상념에 잠겨 본다. 얼마나 달렸을까? 밖을 보니 우리의 이웃집 아저씨 같은 사람들이 눈에 띈다. 네팔 국경이 가까웠나 보다.

해가 질 무렵에야 네팔 땅에 발을 들여놓았다. 입국 절차를 마치고 허기진 배를 채우기 위해 식당에 들어섰다. 인천 공장에서 돈을 벌어와 결혼도 하고 이곳에 식당을 차렸다는 젊은 주인은 우리말을 너무 잘해 반가웠다. 요리도 기대해 본다. 저녁밥을 맛있게 먹고 하룻밤을 이곳에서 보내야 하기에 게스트 하우스에 갔다. 나무로 지은 이층집이 발자국을 뗄 때마다 삐걱거리는 소리가 난다. 알전구는 겨우 사물을 분간할 정도이고, 공동 화장실 옆에 겨우 양치질할 정도의 물이 나온다. 나무 침대의 담요는 누더기이다. 찬바람이 숭숭 들어와 몸이 으스스 추운데 잠을 청해 본다. 그래도 휴식을 취하니 좋았다. 밖에는 방금 도착한 여행객들로 시끌벅적하다. 성격이 까다롭고 깔끔한 사람은 이런 여행을 한번 해보면 변화가 올 것 같다.

날이 밝아 포카라로 향하는 버스를 탔다. 천길만길 아래에 계곡이 실개천처럼 보인다. 가드레일도 없는 꼬불꼬불한 낭떠러지 길이 나를 불안하게 했지만, 경치는 좋았다. 가다가 집이 몇 채 있는 곳에서 화장실에 다녀오라고 버스가 선다. 그런데 아무리 둘러봐도 화장실이 없다. 모퉁이 으슥한 곳에서 적당히 해결하면 그곳이 화장실이다. 아이들은 주전부리할 것을 사라고 차를 향해 '사모나 립밤'을 외친다. 여인들이 산비탈에서 이슬이 채 마르지 않은 방금 딴 싱그러운 자연산 귤을 판다. 오렌지 향이 나는 귤이 얼마나 달고 맛있던지 지금도 잊을 수가 없다.

우리는 포카라의 호수 주변에 있는 호텔에 숙소를 정했다. 다음날 이른 새벽에 길을 안내할 포터를 데리고 입산 허가를 받으러 갔다. 입장료는 달라도 받지 않고 네팔 돈이어야 한단다. 다시 차를 타고 한참을 가니 사진에서만 본 히말라야의 설산 봉우리들이 눈에 들어온다. 우리는 히말라야를 한눈에 바라볼 수 있는 해발 3,210m의 푼힐 전망대를 가는 길이다. 산 입구 개울에 들어서니 나무 한 그루 없는 타르사막을 거쳐 온 나는 고향이나 온 듯 잠시 착각에 빠졌다. 우리를 안내하는 포터는 박사과정을 공부하고 있다고 하는데 외모가 예뻤다. 모자를 벗으니 삭발이다, 이유를 물어보니 이곳에는 부모나 친척이 돌아가면 삭발을 한다며, 고모가 돌아가셨다고 한다. 이곳에서 포터는 좋은 직업이다.

산길로 들어서니 집들이 하나씩 산비탈에 걸려 있다. 무얼 먹고 살까? 벌거숭이 산전 밭에는 감자 싹이 얼굴을 내밀고 있다. 우리가 걷는 길이 큰길인데 싸리나무로 병아리 집을 만들어 키우고, 멀리 길 아래 개울가의 바위에는 사람들이 모여 물소(버펄로)를 잡고 있다. 가정집 같은 곳이 학교라는데 책상도 없이 몇 안 되는 아이들이 모여서 공부하고 있다. 덩치 큰 순한 개가 어슬렁거리고, 어느 집은 다홍색 꽃 넝쿨이 온 지붕과 벽을 덮어 아름다웠다.

당나귀 똥이 있는 좁은 산길과 돌계단을 얼마나 올랐을까? 당나귀 떼를 몰고 오는 아저씨가 지나간다. 고레파니*에 짐을 내려놓고 오나 보다. 당나귀만이 교통수단이다. 고산증으로 머리가 띵하다. 온종일 걸었다.

달이 떠서야 전망대 아래 고레파니에 도착했다. 히말라야 산봉우리들이 가장 잘 보이는 전망 좋은 곳에 숙소를 잡아 들어서니 따듯한 장작 난로가 우리를 반겨주었다. 밖에는 요

---

* 고레파니 : 푼힐 전망대 아래에 해발 2,784M, 숙소가 있는 곳

정이 춤출 것 같은 달빛에 마차푸차르, 안나푸르나, 디오르기리 봉우리들이 은백색의 신비한 빛을 발하고 있다. 예띠 요정이 나와 춤추고 있는 듯하다.

다음 날 새벽 고레파니에서 출발하여 시간 반을 오르니 푼힐 전망대이다. 아침이 탄생하고 있었다. 만년설 봉우리가 붉은 황금빛이다. 불타고 있는 것 같다. 이 신비를 어찌 짧은 내 글로 표현할 수 있을까. 우리는 푼힐 전망대에서 히말라야에 비치는 일출을 보고 고레파니 숙소로 내려와 포카라로 출발하였다.

포터와 작별 인사를 하고 늦은 오후에 올 때와는 다른 코스의 소나울리 행 버스를 탔다. 여행하다 보면 어느 때는 예상하지 못한 상황에 부딪히기도 한다. 거리에는 왕정의 부패로 내전이 일어나 장총을 맨 군인들이 길목을 지키고 검문을 하고 있었다. 그런데 버스가 가다가 이름 모를 작은 도시의 정류장인 듯한 곳에 섰다. 운전기사가 내리더니 한참을 지나도 오지를 않는다. 알고 보니 한마디 말도 없이 자기만 자러 갔단다. 승객들은 창문이 깨진 낡은 버스 안에서 밤을 새워야 한다니 너무 황당하고 기가 찼다. 그 고생을 잊을 수가 없다. 알고 보니 네팔에는 정부에서 운행하는 버스와 개인이 운행하는 버스가 있는데 그 버스는 개인이 운행하는 버스여서 자기 하고 싶은 대로란다. 어쩌랴 이것이 이 나라의 법인 것을. 밤늦은 시간에는 손님이 없으니 이른 아침이 돼서야 오래된 버스는 시동을 걸었다. 그 바람에 우리는 비자 비용을 더 내야 했다.

그래도 여행은 해볼 만한 것이다. 우리 부부는 다시 또 다른 미지의 세계를 꿈꾼다. 목적지를 정하고 세밀한 관광 안내 지도를 구해 여행할 루트를 계획하고 안내 책자를 사서 공부도 하면서 또 다른 여행은 시작된다. 마음은 벌써 하늘을 날고 있다.

마음 가는 곳으로

1. 바구니 배로 건져 올린 숭어

다낭에 오니 매일 보슬비가 온다. 5일 있는 동안 해를 보기 힘들다. 조금은 습하다 공원길에도 정원이 있는 호텔 벽에도 줄무늬 달팽이가 기어 올라간다. 그러나 뜨겁고 더운 날씨보다는 좋은 것 같다. 시내를 둘러보고 호이안을 다녀와서 하루는 후에에 기차 타고 다녀오기로 했다. 기차는 풍광 좋은 해변을 안고 천천히 쉬었다 가기도 하면서 달린다. 구불구불 용처럼 가는 기차가 추억의 열차를 탄 것 같다. 어느 구간은 해변 쪽으로 야생화가 지천으로 피어있고, 칡잎이 연잎처럼 크다. 기차 안에서는 항아리 모양으로 생긴 통에서 김이 나는 밥과 국을 함께 판다. 기차는 앞으로 가는데 시간은 뒤로 가고 있는 느낌이다. 낯선 풍경에 유럽 사람인 듯한 사람들이 신기한 듯 미소 짓는다.

후예에도 부슬비가 내린다. 택시로 유적지를 돌았다, 비가 얼마나 자주 오는지 유적이 까만 이끼로 세월의 옷을 입어서 독특한 분위기다. 보도블록도 해를 본 지 오래인지 이끼로 미끄러웠다. 베트남 유물을 많이 보아서 역사 공부를 하고 돌아온 느낌이다.

해변이 있는 신도시로 숙소를 옮겼다. 바닷가를 걸어서 십 분쯤 걸리는 곳이다. 숙소가 너무 싸서 미안할 정도다. 골목길에 나서니 조용하고 한적하다. 남미 어디선가 만난 노란 아카시아 꽃이 피었다. 그리고 흑장미보다 더 붉은 꽃이 길 위에 떨어져 있다. 손바닥 위에 올려놓고 보니 남국의 정열이 느껴진다. 문을 열어놓은 집을 흘끔 훔쳐보니 집이 안으로 깊고 일 층은 응접실로 쓰는 것 같다. 몇 발자국 옮기니 아주머니가 생선 바구니를 내려놓고 장대로 나무에서 무언가 따고 있었다. 처음 보는 열매였다. 먹어보라고 주기에 한입 베어 무니 향긋한 신물이 잔뜩 들었다. 천연 식초다. 생선 요리에 쓰려는 모양이다.

골목을 돌아서니 시장이 있어서 훈제 돼지고기, 바나나잎으로 싸서 찐 찰밥과 열대과일 시원한 맥주를 사서 다낭 해변으로 나갔다. 멀리 절이 있는지 바다를 내려다보는 불상이 보인다. 그쪽으로 긴 모래밭을 걸었다.

그물로 고기 잡는 사람들이 많다. 바구니 배 타고 나가 그

물을 치고 여러 사람이 힘을 합해 그물을 당긴다. 파도와 힘들게 씨름하며 끌어 올린 그물에는 숭어 몇 마리와 작은 병어 한 바구니뿐 쓰레기만 많다. 기대하고 바라보던 나는 '내 인생도 건져 올린 것은 숭어 몇 마리뿐'인 것 같은 생각이 든다. 어머니인 듯한 여인은 그것을 그 자리에서 판다. 그렇게 해서 생계를 유지하는 것 같았다. 풍광을 담으며 또 걸었다.

모래밭에 흑인 가족과 백인 가족이 파라솔 아래 누워있다. 아이들은 파도타기를 하며 놀고 엄마는 플라스틱 그릇에 무언가 모래 속을 손으로 해치며 열심히 줍고 있다. 가만히 보니 그는 다른 사람들이 버리고 간 쓰레기를 줍고 있었다. 그런 봉사 정신은 어디서 오는 걸까! 그 아이 엄마가 존경스러웠다.

2. 데 탐 거리 그리고 브이 비엔 거리

다낭을 여행하고 비행기로 한 시간 걸려서 호찌민에 왔다. 밤늦은 시간 숙소를 찾아가기 위해 공항버스를 탔다. 함께 탄 베트남 아가씨는 우리가 찾는 숙소를 잘 안다고 했다. 버스 종점에서 같이 내렸다. 데려다준다고 하기에 따라갔다. 큰길을 건너 사람이 점점 많아지는 길로 들어섰다. 쿵작거리고 현란한 불빛이 불야성이다. 양쪽 가게 손님들이 길을 모두 점령해 걸어가기가 힘들 정도다. 그 거리 중간쯤 예약해 놓은 숙소가 있었다. 하룻밤 자보고 주변을 파악한 후, 옮기려고 예약한 숙소는 다인실이다. 프런트 앞은 갤러리이고 그 사람이 데려다주지 않았다면 찾기란 불가능했을 것이다. 방에 들어서니 오래 머문 듯한 유럽인이 우리말로 '안녕하세요?' 하며 친절히 짐 넣는 곳이며 사용 방법을 알려주었다. 다음날 멀리서 닭 우는 소리와 함께 날이 밝아서야 여기가 여행자 거리로 유명한 브이비앤 거리라는 것을 알았다. 밤이면 변신하는 태국의 카오산 로드 생각이 났다. 자다가도 나가 보았던 그곳은 사람이 이렇게 많지는 않았다.

남편은 숙소를 옮기자고 했지만, 더 지내보자고 했다. 그곳에서는 여러 나라 사람을 만날 수 있어서 좋고 시원하고 불편한 점이 별로 없었다. 옆에 있는 젊은이는 목발을 짚고 칠레에서 호찌민까지 여행을 왔다. 태권도 하다가 다리를 다쳤다는 그는 친구가 도와주지만, 그 용기는 어디서 왔을까 싶다.

시내 구경하면서 생소한 길거리 음식을 사 먹어보면 보기보다 맛있다. 물가도 싸고 사람들도 착하고 여행하기 편했다. 저녁이면 브이비앤 거리를 걸어보고, 가버린 젊은 날이 아쉬워지기도 했다. 어두워지면 모여드는 사람들, 불 쇼를 하고 현란한 불빛이 섬광처럼 번쩍이고 길까지 점령한 가게 손님들 탁자마다 물담배, 고막이 터질 것 같은 음악, 쇼걸 차림의 담배 파는 미인들, 젊음의 발산인가 낭만인가 광란의 거리다.

그러나 가만히 보니 더불어 사는 삶이 있는 아름다운 거리였다. 불 쇼를 하면서 손님을 모으는 사람, 오징어를 자전거에 진열해 불까지 가지고 다니며 눌러서 버터로 팬에 볶아서 안주를 파는 사람이 많다. 자전거는 그들의 움직이는 가게다. 견과류, 깎은 과일 봉지를 손에 들고 다니며 파는 소상인이 정말 많다. 그들은 큰 가게 손님들을 상대로 팔지만, 말리는 사람이 없다. 더불어 살고 있다. 우리나라 사람들 같았으면 자기네 요리를 더 팔려고 못 팔게 했을 게 뻔한 일이다. 브이비앤 거리는 더불어 사는 아름다운 거리다.

타아르 사막에 남긴 발자국

배낭을 메고 남편, 막내딸과 함께 처음으로 인도 땅에 발을 디뎠다. 우리 일행이 델리 공항을 나오니 밤이었는데 눈이 까만 호객꾼들이 우리를 금방 에워쌌다. 빠아르간지(싼 호텔이 많고 바자르가 있어 여행객이 많이 찾는 곳)로 가기 위해 차를 탔다. 불빛도 보이지 않는 비포장도로를 한참이나 달려서 긴장되었다. 남편은 십 년 전 두 딸을 데리고 한 달간 히말라야 트레킹과 인도 여행을 한 경험이 있지만, 배낭여행이 처음인 나는 설렘보다 두려움이 컸다. 이번에는 사십일을 계획하고 입시를 끝낸 막내와 친구 부부가 동행했다.

우리는 빠아르간지에 도착해서 여행 안내소에 들어갔다. 12일간, 지프를 렌트해서 북인도를 돌기로 하고 계약을 했다. 카주라호, 바라나시, 사르나트(유피주)는 호텔과 기차표는 예약해 주되 델리까지 돌아올 길이 너무 멀어서 더 가지는 못한단다. 우리는 북인도 여행이 끝나면 소나울리로 네팔에 입국해 2박 3일 히말라야 푼힐 전망대까지 트레킹을 하기로 했다. 꼴까다(켈커타) 푸리 해변, 남인도 서인도는 기차로컬버스 등 그밖에 교통수단을 이용하기로 했다.

아침에 일어나니 인도의 거리가 눈에 들어왔다. 인도는 땅의 넓이가 우리나라의 서른세 배가 넘는다. 메케한 연기가 내리깔린 도시에는 까마귀가 울고 청소부인 소 돼지 개 동물들이 공존하고 있다. 인도에 오면 느림의 미학을 배워야 한다더니. 어젯밤에 계약한 차가 약속 시각보다 늦게 왔다. 문제가 생겼다. 우리를 본사로 데리고 가더니 초보자 직원이 경비를 잘못 계산했다고 다시 계약해야 한단다. 우리는 잘못된 것이 인정돼 경비를 더 주고 자이살메르로 떠날 수 있었다.

일 년 내 비가 거의 오지 않는다는 라자스탄주, 타아르 사막 한가운데 자이살메르는 오아시스로 번영했던 곳, 이집트 아라비아까지 연결되는 루트가 있어 쉬어 가는 도시이고 12세기 에라지푸드의 자이살메르 왕에 의해서 세워졌다. 고성이 있고 서민들의 영웅이었던 다크(도적)들의 고향이며 은신처이던 곳이란다.

드라이버 아저씨에게 바자르에 들러 달라고 해서 가다가 먹을 과일이랑 염소 고기와 삶은 계란을 샀다. 도시를 벗어

나니 색깔도 선명한 유채밭이 끝도 없다. 라자스탄주만 해도 우리나라보다 넓다니 넓은 땅이 부럽다. 산도 보이지 않는다. 그 작은 우리나라는 그나마 허리가 잘렸으니, '아! 시리고 아픈 나의 나라'이다.

우리는 운 좋게도 마음씨 착하고 순박한 드라이버 아저씨를 만났다. 의사소통은 그런대로 되었고 진실하고 아주 착한 사람이었는데. 우리가 가는 쪽 사막이 그의 고향이었다. 그래서 비켄나르에 가기 전 사막 마을 아저씨 고향집에 들렀다. 마당과 골목길은 모래가 발목까지 빠지는 마을이었다. 집에 들어서니 까만 무명으로 된 사리를 입은 젊은 여인이 작고 검은 소에서 젖을 짜고 있었다. 다른 여인 두 명도 까만 옷을 입은 까닭은 물이 귀해 빨래해 입기가 어려운가 보다. 아버지께서 침상을 내다 주시고 방금 짠 우유로 마당에서 불을 때 차이를 끓여 주었다. 한 집 같았는데 칸을 막아 네 가구가 한마당에 살고 있었고 햇빛만 가린 공동으로 쓰는 건물이 있다.

금방 동네 아이들이 모여들었다. 거기에는 세 살 먹은 아저씨의 예쁜 아들이 있었는데, 부인도 도시로 돈 벌러 가고 명절에나, 집에 와 어린 아들과 부인을 만날 수 있다고 했다. 아이들에게 초코파이와 펜을 주고 작별 인사를 하고 차에 올랐는데 아저씨가 눈물을 훔치고 있었다. 가난이 만들어 놓은 사랑하는 처와 아기와의 이별, 마음 아프고 미안했다. 어느

덧 해는 져서 어두운데 비켄나르까지 가서 자고 내일 저녁이나 자이살메르에 도착할 수 있다고 한다. 꼬박 이틀이 걸리는 것이다.

우리는 열 시간을 달려와서 비켄나르에서 새해를 맞이하였다. 어젯밤 밖에서는 폭죽 터트리는 소리와 사람들 소리가 밤새 났는데 아침은 고요했다. 이곳도 송년회는 축제 분위기로 보내는 모양이다. 사모사(세모난 튀긴 만두. 인도 어디를 가든 있음)가 유명하다는 곳에 가 그것으로 식사하고 사둘 박물관에 들렀다가 바로 떠났다. 햇빛 강하고 건조한 사막으로 한없이 달리는데 가끔 공작새가 있다. 새 중에 아름다운 공작이 이 황량한 사막이 고향이라니 자연의 오묘함을 느꼈다.

오아시스에서 차이를 먹고 쉬니, 마음이 고요해진다. 가끔 양 떼를 몰고 가는 목동이 지루함을 달래주고. 구름처럼 큰 목초 더미를 실은 낙타 마차가 지나간다. 울긋불긋한 사리를 입은 여자들이 양동이에 나무 동강을 수북이 이고 땔감을 구해가는 모습도 사막에서만 볼 수 있는 것 같다. 얼마를 달려 파키스탄 국경을 지나 우리는 오후에 자이살메르에 도착했다. 차가 서길래 무심코 창밖을 보다 눈 앞에 펼쳐진 광경이 나를 당황하게 했다. 터번을 쓰고 마른 아저씨가 가드레일 위에 앉아 보여서는 안 될 것까지 내보이며 볼일을 보는 게 아닌가! 눈 둘 곳을 찾아야 했다.

우리는 언덕 위에 성이 마주 보이는 위치 좋은 방에 짐을 풀었다. 바자르에 가서 호텔에서 해 먹으려고 양고기를 샀다. 북인도에서는 고기 사기가 어렵다. 생선은 더욱더 없었다. 호텔에서는 돈을 받고 요리를 해주었는데 이 집은 성이 잘 보이는 옥상에 식당이 있다. 주방에는 분야별로 일을 하니 사람은 여러 명인데 그릇과 식재료는 없고 향료만 조금 있을 뿐이다. 그래서 우리는 마늘과 양파 고추를 사서 직접 요리해서 먹었다.

날이 밝자 성에 갔다. 이 성은 인도에서도 유일하게 사람이 사는 성이다. 마을 같았고 성안에 자이나교 사원이 있다. 화려하고 정교한 대리석 조각에 놀랐다. 참배는 순례 객이 길게 줄을 서 있고 골목에는 소가 어슬렁거리고, 한글로 '백숙 칼국수' 판다는 글귀도 붙어 있다.

성 아래 시장 상가도 문화재인데 관리가 전혀 되지 않고, 천민이 사는 천막촌에는 나뭇가지를 꽂아놓고 사는 사람도 있다. 동물은 외려 천국이다. 죽어서 좋은 곳에 환생하는 것만이 희망인 그들을, 간디는 신의 아들이라며 구제하려 했다. 그들을 보니 나는 필요한 것보다 더 많은 것을 쌓아 놓고 살고 싶어 했다. 장롱을 열면 옷이 그렇고, 싱크대를 열면 그릇이, 신발장엔 신발이, 맞다! 사람이 사는 데는 그리 많은 것이 필요하지 않은 것을…….

사막 사파리

오후에 바르박 왕족의 무덤을 보고 왔다. 시간이 되자 캐멀 사파리 사장이 데리러 왔다. 스페인에서 은세공 공장도하고 집도 그곳이라고 했다. 그의 차를 타고 모래의 바다로 나아갔다. 사구다! 바람이 만들어 놓은 무늬. 이글거리는 태양. 낙타를 타고 흔들흔들 석양을 걷는 낭만, 지평선 위의 선셋 포인트, 캐멀사파리를 하고 돌아왔다. 마당에 저녁 식사 준비를 해 놓고 민속춤을 보여준다. 10년 전 남편이 왔을 때는 마른 선인장으로 모닥불을 피우고 사막에서 노숙했다고 한다.

우리는 낙타 분을 모래와 개어, 지은 사막원주민이 사는 원통형 토벽 집에서 잤다. 밤이 되니 옷을 껴입고 남편 품속으로 파고들어도 추웠다. 목초를 덮은 처마 끝에서 바람이 술술 들어온다. 사막의 밤은 적막했다. 별을 보러 밖에 나가 하늘을 보니 보석을 바가지로 부어 놓은 것 같다. 아! 이래서 사막이 아름답구나. 아침에 일찍 일출을 보러 사구를 넘고 넘어가는데 어제 남루한 옷을 입은 낙타 몰던 소년들은 어디로 가고 낙타를 탄 남자가 매담, 매담!'하면서 쫓아온다.

여행은 아직 끝나지 않았다. 다음에도 더 많은 기회를 만들어 늦기 전에 내 자유의 정도를 가름해보고 더 많은 삶도 만나고 싶다.

유 해피

에누리란 어떤 물건을 깎을 것을 예상해 값을 더 얹어서 부르는 일, 값을 깎는 일이다. 어느 코미디언이 "이 세상에 에누리 없는 장사가 어디 있어 호호 하하……" 하던 노랫말이 생각난다. 그러나 덤도 있다. 덤은 인정이고 후덕함이다. 어떤 사람은 생명의 위기를 넘기고부터는 덤으로 산다고 새로운 마음으로 봉사를 열심히 하기도 한다.

특히 배낭여행을 할 때면 항상 에누리하던 기억이 떠오른다. 클레오파트라가 말년을 보냈다는 알렉산드리아에서 몇 배부르던 택시요금, 코란의 잘못된 해석으로, 너는 나보다 부자니까 당연히 내야 한다던 그 기사 아저씨, 수에즈 버스 터미널에서 홍해와 시나이산에 가기 위하여 세인트 카트리나행 버스를 기다릴 때 화장실 요금이 밥값보다 비싸 어이없던 때도 있다. 인도에서도 숙박비, 릭샤비, 투어 비 등 무엇이건 에누리해야 했다, 부르는 대로 다 주다가 보면 여비가 감당하기 어렵다. 어떤 분은 에누리할 줄 몰라 배낭여행을 못 한다고도 한다.

한번은 인도 카마수트라 길에서 기념품 파는 분을 만났다. 어찌나 사라고 조르는지 반을 에누리했다. 처음에는 안 된다고 하더니 반값에 물건을 주면서 "유 해피?" 하며 건네준다. 싸게 사서 기분이 좋으냐는 것이다. 내 인격이 에누리를 당한 것 같은 묘한 기분이 들었다. 우리는 여행을 마치고 돌아오면서 우리만 못한 나라에 와서 나보다 가난한 사람에게 에누리한 것에 약간의 후회를 했다. 김수환 추기경님이 '노점상에서 값을 깎지 말라, 그냥 돈을 주면 나태함을 키우지만 부르는 대로 주고 사면 희망과 건강을 선물하는 것이다.'라고 한 말씀을 왜 잊었을까!

남편은 20여 년 전 인도 여행 중 실수로 여비를 잃어버린 적이 있다. 동료 한 사람과 딸 둘을 데리고 여행할 때다. 배낭여행을 할 때면 주머니가 많은 조끼를 항상 입는다. 귀중품을 넣고 다니기 위해서다. 남인도로 내려가니 더워서 조끼를 벗어 배낭에 넣고, 숙소를 에누리해 정하고, 라커에 짐을 맡겼는데 돈이 없어졌다. 경찰도 별로 찾아 줄 생각이 없는 것 같더란다. 그때 그 돈은 그곳에서는 집을 한 채 사고도 남을 큰돈이었다. 그런데 남편은 그 사람을 한 번도 나쁘다고 말하지 않고 인도에 집을 한 채 저금해 놓았다고 하며 다시 가고 싶어 했다.

지난겨울 베트남 여행 중 파고다라는 곳에서 꽤 괜찮아 보이는 기념품이 있어 같이 간 사람과 하나씩 샀다. 가이드가 에누리를 대신해 주었다. 물건을 주면서 또 "유 해피?" 하는 것이다. 분명 인도에서의'유 해피'와는 다른 의미였다. 그를 배려하지 않고 에누리를 했는데 우리만 형편이 못한 그는 우리를 배려하고 있었다, 그는 가난하지만, 영혼은 부자였다.

오늘은 '목요수필' 수업에 가기 위해 신림역에서 지하철을 기다리는데 옷솔 파는 아저씨가 인상적이다. 다리가 불편하여 몸이 기우뚱한 분인데 정장과 신발이 얼마나 깔끔한지 결혼식장에라도 갈 차림새이다. 쇼핑백에 옷솔을 담아 이 사람 저 사람에게 에누리해 준다며 옷솔을 권하지만 사는 사람이 없다. "아주머니 옛날에 예쁘셨겠어요" 하며 애교 아닌 애교를 떨며 내 곁으로 다가온다, 순간 어디선가 그에게 전화가 온다. 부인인 것 같았다. 그는 "옷솔이 아주 잘 팔린다, 많이 팔았어." 하는 것이다. 부인에 대한 미안함일까, 순간 나라도 하나 살 걸 하는 생각이 스친다. 전화를 끊더니 그는 '옷솔을 하나도 못 팔았다.'라고 구시렁거리며 서툰 걸음으로 멀어져 가고 있다. 가난하지만 서로 아끼며 사는 부부인 것 같기에 행복해 보였다.

동네 시장에 가면 길모퉁이에 할머니가 직접 기른 듯한 호박잎, 부추, 상추 등 채소를 조금씩 가지고 나와 팔고 있다. 어느 날 시장을 갔는데 어떤 분이 할머니와 채소를 밀고 당기고 있었다. 가까이 가 보니 할머니는 많이 주려고 하고, 사는 아주머니는 조금만 주라고 채소를 밀어내고 있었다. 나는 항상 무엇을 사면 조금만 달라고 한 적이 없는데 흐뭇한 광경이다.

요즈음은 인격도 임금도 에누리하는 세상이다. 특히 정치하는 사람들은 상대방을 서로 깎아내린다. 깎아내려야 자기가 사는 것처럼. 마트에 가면 설탕도 세제도 무게를 값과 혼동하게 만들어 에누리해 주는 척한다. 얄팍한 상술이 나를 화나게 한다. 그렇게 하면 호박잎 한 줌이라도 더 줄려고 하는 채소 파는 할머니처럼 "유 해피?" 하느냐고 묻고 싶다.

6

길은 있었다

길은 있었다

길 떠날 준비를 한다. 떠남은 온전히 나에게로 향한다. 한 달 동안 모든 것 내려놓고 진정으로 자유로워지고 싶다. 자유로워야 행복할 것 같다. 여행길은 인생길이다. 길 위에서 어려움에 부딪히고 막힌 듯해도 길은 있었다. 방법을 찾으면 해결되지 않는 길은 없었다. 내가 살아온 길도 예외는 아닌 듯하다.

라디오에서 GOD가 부르는 '길'이라는 노래가 흘러나온다. 누가 가사를 썼는지 모르지만, 이 노래의 가사가 마음에 와닿는다. '내가 가는 이 길이 어디로 가는지 어디로 날 데려가는지 알 수 없지만, 오늘도 난 걸어가고 있네. 나는 왜 이 길에 서 있나, 무엇이 네게 기쁨을 주는지 돈인지 명에 인지 아니면 내가 사랑하는 사람들인지?' 마음에 와닿는 부분만 적어 보았다.

배낭여행을 하다 보면 아무리 준비를 철저히 한다 해도 어느 때는 예기치도 못할 상황에 부딪히기도 한다. 이탈리아 8

개 도시 여행을 무사히 마치고 그리스까지는 페리호를 타고 가기로 했다. 뱃멀미할까 봐 걱정했는데 비행기보다 더 안락하고 편안했다. 배 안은 호텔과도 같았다. 지중해의 밤바다를 가르며 달리는 배 안에서 잠을 자고 갑판 위에서 여명이 밝아오는 것을 보는 것은 낭만이었다.

그리스의 아름다운 조각과 유적지를 둘러 보고 터키 쿠사다시 항으로 입국하기 위하여 그리스의 피레우스 항에서 오후에 페리호를 타고 출발하였다. 다음날 터키에서 가장 가까운 사모스섬에 닿았다. 준비해 간 아침을 간단히 먹고 그곳에 내렸다.

사모스섬에서 배를 바꾸어 타고 터키의 쿠사다시 항으로 입국해야 하는데 뱃길이 끊겼다. 사모스섬은 지도상에는 터키의 턱밑처럼 가까웠지만, 그리스 섬이다. 겨울 비수기라서 배가 다니지 않는다니 난감했다. 길이 끊어진 것이다. 막힌 것이다.

섬이니 육지로 우회하여 돌아서 갈 수도 비행기도 없다. 여행에서 길을 잘못 들어 되돌아간 적은 없다. 인생에서 시간을 되돌릴 수 없는 것과 같이, 시간과 경비와 여행 일정이 차질이 생기게 된다.

방법을 찾다가 삼백 명이 타는 터키 배를 부르기로 했다. 우리 일행 8명과 터키 사람 2명과 함께, 길을 찾은 것이다' 몇 시간을 기다리니 우리를 태우러 오는 배가 출렁이는 바다 위에 모습을 드러냈다. 터키 배인데 그리스 국기를 달았다.

부두 사람들은 터키 사람을 경계했다.

터키 사람 두 명은 검문을 심하게 하고, 배를 탈 때 부두의 철문을 열어주더니 배를 타고나서 철문을 철컥 다시 잠근다. 배는 터키 국기를 내리고 그리스 국기를 달고 달리다가 그리스의 영해를 벗어나자 곧바로 터키 국기로 바꾸어 달고 달렸다. 그 두 나라 사이는 가깝고도 먼 일본과 우리나라 사이와 비슷했다, 그렇게 우리는 쿠사다시 항으로 입국하여 터키를 여행할 수 있었다. 인생길 위에서도 예기치 못한 일 온갖 풍상을 겪는다고 하지 않는가!

갈 길을 찾지 못한 젊은이들이여 낙심하지 말라 길은 있다.

시간이 멈춰있는 도시 아바나

우리가 파나마에서 쿠바 아바나 공항에 도착했을 때는 밤늦은 시간이었다. 공항에서 날이 밝기를 기다리기로 했다. 날이 밝아오자 환전을 하고 아바나 올드시티로 가는 길을 물었다. 택시와 버스로 가는 방법이 있는데 택시비가 만만치 않았다. 버스를 타면 중간에서 바꾸어 타야 하는 어려움이 있지만, 버스를 탔다. 타고 보니 공항에서 환전한 돈은 버스비로 받지 않는다고 한다. 어느 남자분이 버스비를 내주고 바꾸어 탈 차비까지 줬다. 그러고는 우리보다 먼저 내렸다. 고마워서 가지고 있던 초콜릿을 손에 쥐여주었다. 쿠바는 외국인 전용 화폐 쿡(cuc)이 있고 내국인이 쓰는 모네다가 있는 것을 전혀 몰랐었다. 쿡의 가치는 달러와 같고 모네다는 쿡의 24분의 1이라고 한다. 세계에서 유일하게 두 가지 화폐를 쓰는 나라다.

올드시티에 내려 또 길을 물었다. 예약은 하지 않았지만 알아놓은 숙소를 찾아야 하기 때문이다. 젊은이들이 친절하게 가르쳐주었다. 구시가지가 눈에 들어온다. 1590년부터 스페인이 건설했다는 아바나의 잘 지은 건물들이 낡아 허물어져 가고 있었다. 건물 벽 틈새에는 잡초가 자라고 무너져 내린 집들도 있다. 골목길을 걷다가 보면 건물 부스러기들이 떨어져 내리기도 했다. 스페인 점령 시절 지은 집에 시멘트 한 줌 바르지 않았다. 오래되어 부서지는 건물들이 아까웠다.

그러나 해가 질 무렵 골목을 나서면 작은 카페에서도 라이브 음악이 흘러나온다. 쿠바 사람들은 낭만이 가득한 사람들이다. 그래서 헤밍웨이도 쿠바를 사랑했을까! 헤밍웨이가 머물렀던 곳은 모두 관광지가 되어있다.

의학이 발달한 쿠바는 의사는 월급이 적어 또 다른 일을 부업으로 하지 않으면 생활을 할 수 없다고 한다. 미술을 하거나 노래를 하거나 조각 등 예술을 하는 사람들이 잘사는 나라라는 게 신기하기도 했다.

우리가 찾아간 집은 긴 골목 끝 바다가 보이는 까사*였는데 깔끔하고 주인이 예쁘게 꾸미려고 노력을 많이 한 것 같았다. 아침은 그 집에서 먹기로 하고 긴 골목을 오가며 구경했다.

---

* 까사: 가정집을 개조한 숙박 집

LA B DEL M

골목길을 나서면 오래된 건물 벽에 그림을 그려 장식했다. 몸은 호랑이고 머리는 물고기인 상상의 동물도 있다. 손수레 채소 장수가 더러 있는데 채소라야 오이 몇 개, 당근 조금, 양파 마늘 엮은 것이다. 채소가 귀한 것 같고 농사가 발전하지 않은 것 같다. 값을 물어보니 우리나라보다 훨씬 비싸다. 골목에는 빵 공장도 있고 학교도 있었는데 학교라야 넓지 않은 건물 아래층 한 칸이다. 교복을 입은 학생 20명 정도였다. 골목길이 운동장이다. 들여다보니 아이들 눈망울이 초롱초롱하고 우리를 구경하며 웃는 모습이 밝다. 의료와 교육이 무상인 쿠바 사람들은 가난하지만, 행복해 보였다.

쿠바 사람들은 어릴 때부터 더불어 살도록 가르치고 모르는 사람이라도 어려우면 최선을 다해 도우라고 교육한다고 했다. 그래서 그런지 내가 만난 사람들은 친절하고 착한 것 같았다. 오랫동안 공산 국가여서 선입견이 있었는데 여행하기에는 안전한 나라라고 한다.

행여 골목을 오갈 때 숙소 3층까지 가방을 올려다 주고 말없이 가버린 그 젊은이를 만날까 두리번거려도 만날 수 없었다. 무엇으로라도 '고마웠다.'라는 인사라도 하고 싶었다.

거리에는 원색의 올드카가 관광객을 유혹하고 코코차도 있고 자전거를 개조한 릭샤도 마차도 있다. 그러나 그들은 관광객에게는 비싼 돈을 요구해서 흥정해야 했다. 아바나에서 조금 떨어진 카리브해의 산타마리아 해변이 이름만큼이나 참 아름다웠다. 카리브해의 바다 물빛도 예쁘고 풀을 엮어 만든 비치파라솔, 끝이 보이지 않는 부드러운 하얀 모래, 시원한 바람은 내가 본 바다 중에는 어느 바다보다 좋았다. 젊은이가 갓 잡은 문어를 엮어 들고 걸어간다. 더없이 좋은 풍경으로 다가와 스마트폰에 담았다. 야자나무 그늘에 앉아 남빛 바다를 바라보는 게 긴 여행의 위로이고 쉼이었다.

'쿠바' 하면 빼놓을 수 없는 '체 게바라' 혁명 광장에 색색의 골동품 같은 올드카가 많다. 쿠바 사람들은 과거를 먹고 사는 사람들이다. 다시 가서 쿠바를 좀 더 알고 오고 싶은 매력 있는 도시임에는 틀림이 없다. 다시 가고 싶다. 아바나에……

아미시 마을을 가다

캐나다 오타와에 사는 막내딸 유진이네 집에서 워싱턴 큰딸 수화네 집에 왔다. 막내 사위가 운전해 오면서 단풍나무 농장에 들르고 나이아가라 폭포가 그림처럼 보이는 곳에서 하루 자고 왔다.

오늘은 큰딸과 손자 명진, 명수와 프린스턴대학에 꿈을 심어주고 아미시 마을에 왔다. 연초록 농촌 풍경이 파도처럼 굽이굽이 바라만 봐도 평온이 찾아온다. 길에는 마차가 다니고 모자 쓰고 앞치마를 입은 사람들이 들일을 한다. 평화로워 밀레의 저녁 종이 생각 나는 풍경이다. 빨래가 널려 있는 집, 마구간이 있는 집, 양 우리가 있는 집, 농기구가 있는 집이 아미시가 사는 집이라고 수화가 안내자가 되어 이야기해준다.

아미시들은 스위스에서 십칠 세기에 시작한 침례교 종파다. 그들은 따로 마을을 이루고 살지 않고 보통 사람들과 한마을에 살며 문명과 단절한 채 살고 있다. 그들은 엄격한 규율에 따라 십팔 세기 말경처럼 생활한다. 오만함과 자부심을 좋아하지 않고 겸손함을 중요하게 생각하며 주로 농사를 지어 자급자족하고 수작업으로 만든 제품을 팔아 생활에 보탠다.

전기, 컴퓨터, 텔레비전, 인터넷, 전화를 사용하지 않고 자동차 대신 말 마차와 페달 없는 자전거를 타고 다닌다. 여자들은 화장하지 않고 결혼반지, 약혼반지를 끼지 않으며 머리에는 모자를 쓰고 무늬 없는 원피스를 입고 앞치마를 입는 게 특징이다. 매우 검소하게 생활한다. 그들에게는 소박함이 자유이며 복잡하지 않음이 곧, 풍요이다.

그들은 아미시들끼리 결혼하고 중학교 수준까지만 공부하고 열여섯 살 정도 성인이 되면 아미시로 남아 계속 살 건지 세상으로 나가 살 건지 스스로 선택할 기회를 준다고 한다. 그러나 거의 아미시로 남아 살기를 원하지만, 세상 속으로 나가도 전화와 자동차만 사용하며 살 정도란다.

현대 문명을 반대하는 것이 아니라 그 사용을 최소화하며 살아간다. 시간이 정지된 것 같지만 발달 된 기술을 받아들이며 사는 것이 꼭 행복한 것만은 아닌 것 같다. 아미시들은 우리에게 묻는다 “당신은 무엇을 위해 그렇게 그렇게 바쁘게 살고 있는가? 내면의 평화가 더 중요하지 않은가?”

현대 문명은 빠르고 편리하게 하지만, 많은 것을 소유하게 하고, 고립되게 하고, 경쟁 사회에 살게 하고 이기주의로 살게 한다. 우리가 진심으로 원하는 것은 무엇일까? 그곳에는 시간이 천천히 흐르고 있다. 시간의 강을 거슬러 올라가는 풍경과 마주하지만 평화로웠다. 무엇을 이루었느냐고 묻지 않고 '너 잘살아가고 있니?' 하고 묻는다.

아미시 사람들의 수제품 파는 곳에 들어가 보았다. 친환경 제품이라 인기가 있다. 식품과 인형, 이불, 방석, 가방 등을 팔고 있는데 수제품이어서인지 가격이 높았다. 우리나라 오일장 같은 장이 서면 손수 만든 제품을 들고나와 팔기도 한다.

이번에는 마을에서 좀 떨어진 극장에 그들이 하는 뮤지컬을 보러 갔다. 그들 공동체 수입의 일부분이다. 딸이 한 달 전에 예약해 놓았다. 그렇게 하지 않으면 좌석이 없다고 한다. 주위에는 건물이 없고 낮은 언덕에 극장 규모가 무척 컸다. 코로나19 때문에 공연하지 않다가 최근에야 문을 열었다. 해마다 다른 공연을 하는데, 이번에는 '모세'를 공연한다고 했다. 무대가 굉장히 웅장하고 환상적이다. 극장 앞면만 무대가 아니고 양쪽 측면도 무대인 것이 특이하다. 살아 있는 양들과 낙타, 말이 관객이 있는 중앙 통로로 뛰어나가 뮤지컬의 일원으로 출연하는 것이 특이했다.

공연이 끝나고 긴 줄을 서서 햄버거를 사서 차 안에서 먹으며 집으로 돌아왔다. 딸의 계획은 그 근처 호텔에서 자고 우리를 뉴욕에 데려다준다고 했지만, 뉴욕 여행은 남편과 둘이 가기로 했다.

좋은 여행 가방에는 좋은 이야깃거리가 담겨야 한다. 아미시 마을은 좋은 이야깃거리다.

다시 뉴욕으로

이른 아침 큰딸이 우리 부부를 워싱턴에서 뉴욕으로 가는 버스 타는 곳에 데려다주었다. 이미 사람들이 많이 타고 있었다. 우리가 타자 사람들이 미소로 환영해 준다. 네 시간 반을 달려 버스는 뉴욕 시내에 우리를 데려다주었다.

사람들이 길에 가득하다. 세계 사람들이 다 모인 것 같다. 이른 봄이라 옷차림이 각양각색이다. 사람마다 느끼는 온도차가 다르겠다고 생각했다. 더운 나라에서 온 사람들은 춥다고 느낄 것이고, 추운 나라에서 온 사람은 따듯하다고 느낄 것이다. 나는 쌀쌀함을 느껴서 목도리를 했다. 남편도 가지고 있던 까만 목도리를 해주니 우리는 천상 같이 다녀야 한다며 좋아한다.

마음을 가다듬고 가만히 길을 찾다 보니 전에 와서 걸었던 기억이 난다. 먼저 록펠러빌딩 전망대에 올라가 시내를 내려다보며 마천루의 위용을 실감했다. 뉴욕 성당까지 걸어가니 마침 미사 시간이었는데 라틴어로 미사를 해서 하나도 알아들을 수 없었다. 그러나 세 번씩이나 이 웅장한 성당에서 미사를 드릴 수 있으니 얼마나 감사한가! 여행하다 보면 성당 주변에는 늘 노숙자가 있다. 할아버지가 큰 견공과 함께 계단에 앉아있다. 동양인 듯한 남자의 초점 잃은 눈도 자꾸 눈에 밟힌다. 우리나라 사람이 아니기를 바라본다.

지난번 배낭여행으로 왔을 때는 여행비를 줄이기 위해 외각으로 나가서 잤다. 저녁에 숙소로 돌아갈 때는 버스 안에서 뉴욕의 화려한 야경이 보이기도 했다. 이번에는 큰딸이 시내 어디든지 걸어서 갈 수 있는 중심에 호텔을 예약해 주어서 호강이다.

저녁을 간단히 먹고, 보고 싶었던 뮤지컬 '오페라의 유령'을 보기 위하여 브로드웨이에 있는 극장에 갔다. 오페라의 유령은 세계에서 제일 유명한 뮤지컬이며 삼십오 년이나 브로드웨이에서 공연했다. 극장 안은 한껏 멋을 부린 사람들로 빈자리 없이 차 있다.

남자주인공이 백인이면 여자주인공은 흑인이고 여자주인공이 백인이면 남자주인공이 흑인이란다. 흑인을 배려해서 그렇게 한다고 한다. 내가 본 뮤지컬은 여자주인공 크리스틴의 피부색이 약간 초콜릿 색이고 빨간색의 화려한 드레스를 입었다. 두 사람 모두 천상의 목소리다. 남자주인공 팬덤의 목소리가 바람처럼 내 귓가를 휘익 돌 때 환청처럼 들렸다 그 소리가 며칠이나 들렸다.

오페라의 유령은 본 사람이 또 본다고 한다. 어떤 이는 열한 번을 보았다고 한다. 며칠 전 뉴스에서 오페라의 유령 뮤지컬이 삼십오 년 만에 막을 내렸는데 마지막 공연을 보려고 오백사십만 원을 내고 본 사람이 있다고 하여 놀랐다. 오페라의 유령은 단순한 사랑 이야기 그 이상이다. 음악, 욕망, 외로움, 아름다움, 괴물, 성, 인간, 조건에 대한 은유 가득한 고전이다.

마음에 와닿는 명대사를 다시 떠올려본다. '내가 사랑하는 사람을 위해서라면 어떤 어려움도 이겨낼 수 있어.' 이 대사는 사랑의 힘과 용기를 담아내며 어려움을 이겨내는 우리 내면의 힘을 길러줄 것만 같다. '오직 너만이 내 노래에 날개를 달 수 있어.' '이제 끝났어, 밤의 음악은' 팬덤은 사랑받지 못했지만, 사랑할 줄 아는 사람이었다. 이번 뉴욕 여행에 '오페라의 유령'을 본 것은 잊지 못할 기억으로 남을 것이다. 기회가 되면 또 보고 싶다 오페라의 유령을…….

몬테네그로 코토르에서

두브로니크에서 해안이 아름다운 아드리아해를 달려 몬테네그로 코토르에 도착했다. 이곳은 중세 분위기가 그대로 남아 있는 곳이다. 남편이 성안으로 숙소를 구하러 간 사이 짐을 보고 있었다. 어린 딸의 손을 잡은 사람이 다가오더니 메리 크리스마스 하며 슬리핑 슬리핑 한다. 잠자리를 구하냐는 말을 대신하는 것이다. 성안에서 호텔을 한다는 그 사람은 내일이 크리스마스라고 한다. 1월 7일이 크리스마스라니 의아했다. 우리는 여행 온 다음 날 프랑스 파리 노트르담 대성당에서 긴 줄을 서서 기다리며 성탄 미사를 이곳에서 드릴 수 있음에 감사했었다. 밤이 되자 교회의 종소리가 들리고 어디선가 아름다운 성가 소리도, 폭죽 터트리는 소리도 간간이 들린다. 저녁을 먹고 크리스마스 미사를 드린다고 근처 고풍스러운 성당 문을 들어섰다. 성당 안의 분위기가 우리가 생각했던 것과는 달랐다. 의자가 없고 카펫이 깔려있다. 로마 가톨릭이 아닌 것 같았다. 물어보니 정교회라고 해서 도로 나왔다.

이튿날 코토르 요새에 올랐다. 날씨가 투명한 봄날 같다 성벽이 깎아지른 절벽 위에 세워졌다. 바위산이고 길이 가파르다. 이 길을 신길이라고 부른다. 코토르만의 호수 같은 쪽빛 바다가 오래도록 우리들의 눈길을, 마음까지 사로잡는다. 때 묻지 않은 자연이, 자기 안의 고요를 찾게 하고, 내가 어디쯤 서 있는지 묻게 하는 곳이다.

요새 뒤쪽에는 중세에 사람 살던 흔적이 세월의 바람 속에 남아 있다. 작은 교회도 허물어지지 않고 남아 있고 지금은 물이 마르고 없지만 높은 돌산인데도 물이 고여있던 흔적이 있다. 산에는 가시 달린 야생 석류나무가 많다. 겉은 말랐지만 깨보니 속은 루비같이 예쁘다. 염소들을 친구삼아 내려오는데 돌을 쌓아 지그재그로 만든 산길이 넓어서 놀라웠다. 우마차가 생필품을 실어 나르던 길인 것 같다.

성벽 투어를 마치고 내려와서 저녁밥을 먹으려고 식당을 찾았다. 크리스마스라고 문 연 곳이 없다. 슈퍼마켓도 닫혀서 먹을 것을 살 수가 없다. 어쩔 수 없이 굶는 것도 여행 일부라고 생각하고 건너편 해안 마을이 있는 곳까지 걷기로 했다. 걷다가 막 문을 닫으려는 조그만 채소가게를 발견했다. 감자와 토마토 등, 이튿날 아침 먹을 것까지 샀다. 동전이 남았다. 내일 아침 코토르를 떠나면 그 동전은 불필요한 존재이니 얼마의 가치가 있는 줄도 모르는 우리는 그냥 주었다. 여러 나라를 다니면서 유로화를 쓰는 나라도 있지만, 그 나랏돈이 아니면 쓸 수 없는 나라도 많았다. 환율도 나라마다 다르고 필요한 만큼만 환전해서 쓰는 것도 어려운 일이다.

몬테네그로에서 알바니아 티라나 가는 차를 불렀다. 차는 일직 성 밖에서 기다리고 있었다. 서둘러 나오느라 스마트폰 충전할 때 쓰는 줄을 놓고 나와서 도로 가서 가지고 왔다. 하나는 못쓰게 되고 이것마저 잃어버리면 사진도 찍을 수 없고 비상 연락도 못 하니 새삼 작은 것 하나의 소중함을 알았다. 집에서는 잃어버리면 다시 구하면 되지만 여행 중에는 그것이 쉽지 않다. 우리 부부는 지난 경험들을 기억하여 서로 챙기면서 서로의 소중함을 느끼며 낯선 길을 걷는다. 이것은 보이지 않는 끈이고 믿음이며 신뢰이다.

걸어서 하는 독서

먼 나라를 먼저 여행하고 가까운 곳이라고 남겨 두었던 일본행 비행기를 탔다. 오사카를 먼저 가기 위하여 간사이공항에 내렸다. 오사카 공기가 피부에 닿으니 기온이 느껴진다. 우리나라 겨울로 가는 길목 11월 날씨다. 푸른 나무가 많고 길가에는 동백꽃이 많이 피었다. 길을 물었다. 다른 곳에서처럼 수없이 길에서 길을 물을 것이다. 제일 번화가를 가니 크리스마스이브여서 백화점 트리가 화려하다. 천장에서는 별이 쏟아지고 귀여운 동물 인형들은 살아있는 것처럼 움직인다.

다리를 쉬며 오가는 사람들을 바라보았다. 모두 분주해 보인다. 돌아오는 길 시장이 있는 쪽으로 걸었다. 시장 통로가 길어 끝이 보이지 않고 정리가 잘되어 있다. 물건을 사지 않아도 오갈 수 있도록 시장이 쾌적하다. 샛골목 간이 식당에서 우동 한 그릇을 사 먹었다. 남편은 내가 일본에 오자마자 우동을 사 먹는 이유를 모를 것이다. 구리료헤이의 '우동 한 그릇', 그 아름다운 배려가 생각나서다. 따끈한 국물이 목을 타고 넘어가니 가슴이 뭉클하다. 거리가 물로 씻은 듯이 깨끗하고 꽃을 길러 오가는 사람을 위하여 길에 내어놓았다. 어머니가 일본 사람이 깨끗하다고 하신 말이 생각났다.

지하철을 타면 코로나19가 오기 전인데 마스크를 착용한 사람이 많다, 남에게 감기를 옮길까 봐 남을 위해 쓴다고 하니 배려이고 예의인 것 같다. 신사나 절에 가면 물을 받아서 먹는 손잡이가 긴 대나무 바가지가 있는데 한 사람도 입을 대고 먹는 사람이 없다. 손을 씻은 후 손에 부어서 먹는다. 문득 우리나라 약수터 생각이 났다.

옷차림을 보면 사람들이 검소한 것 같다. 산노미아역, 한 정거장 지나 고베항구에 갔다. 지금은 화물선 대신 유람선이 떠다니고 야경이 화려한 쇼핑거리, 포토 타워, 하부랜드화, 모자이크는 젊은 여인들이 많이 찾는 곳이 되었다. 일제 강점기 때 시아버님은 13살 어린 나이로 고베항에서 하역 작업을 하고. 유리 공장에서 일하셨다고 한다. 힘없는 나라 백성으로 어렵고 고단한 시절을 사신 그분과 같이 일했을 사람들도 생각난다. 그때 산언덕에서 바다를 내려다보며 고향에 돌아갈 날을 그렸다는 한이 서린 기타 노이진 칸 언덕은 지금은 관광지가 되었다. 교토 등 오사카 주변을 보고 다다미방에서 하루 지내며 일본을 체험했다.

북해도를 가기 위하여 간사이공항에서 치토스행 비행기를 탔다. 비행기에서 내려다본 북해도는 설국이었다. 하얀 도화지를 펼쳐놓은 듯 그림이라도 그리고 싶은 풍경이다. 삿포로 가는 기찻길 옆에는 자작나무들이 눈을 이고 있다. 일주일 머무는 동안 하루만 눈이 오지 않고 매일 아침저녁으로 소낙눈이 온다. 순백의 세상, 눈꽃을 매일 볼 수 있어서 좋다. 날씨가 추울까 걱정했는데 푸근했다. 눈 오는 날 비렁뱅이 빨래해 입는 날이라고 어렸을 때 어른들에게 들은 기억이 난다.

순백의 세상 삿포로에서 새해를 맞이했다. 길이 미끄럽다는 핑계로 둘이 팔짱을 끼고 숫눈을 밟으며 공원을 걸었다. 북해도 문학관도 들르고 문화관에서 어린이 피아노 연주도 들었다. 다음날은 기차를 타고 오타루에 가서 많은 것을 보고 눈 세상을 걸었다. 눈 더미가 내 키보다 높다. 눈 내리는 조잔케이 노천온천, 그 계곡에서 바라본 산에는 크리스마스 트리가 천지다. 눈과 온천물이 만나 완벽한 하나를 이루는 순간이 신비롭다. 홋카이도 눈을 멀리하고 도쿄를 여행하기 위해서 신치토세 공항에서 나리타공항으로 왔다.

첫날 메이지 신궁을 찾았다. 오래된 나무숲이 잘 우거져 있다. 신궁에 참배하려는 사람이 인산인해다. 사람들을 경찰이 제한해서 들여보낸다. 새해라 그런가 보다. 무슨 의식인지 흰

천을 신궁 앞에 넓게 깔아놓고 동전을 던진다. 지나간 액운도 함께 던지나보다 나도 한번 소망을 담아 던져본다. 길을 가다 보면 신궁에 사람이 많다. 가는 곳마다 젊은이들이 돈을 내고 점괘를 뽑아 보고 나무에 묶는다. 좋은 것이 나오면 집으로 가져가고 좋지 않은 것이 나오면 가두어 놓으려 그렇게 한다고 한다. 신세대들이다. 첨단을 걷는 세상에 선진국 일본 도쿄에서 점을 보는 젊은이들이 그리 많다는 것이 아이러니하다.

걸어서 하비야 공원을 거쳐 천황궁도 가고 세계에서 제일 크다는 츠키지 수산시장에도 갔으나 공휴일이라 문이 닫혀 있다. 쇼핑의 긴자거리. 놀이공원이 있는 요코하마 항에 크루즈가 빌딩만 한 배가 들어왔다. 동물원에 판다도 보고. 신주쿠 거리. 중앙공원도 가고 이렇게 도쿄 여행은 하루하루 지나갔다. 나중에는 방송에서 자주 듣던 야스쿠니 신사에도 가보았다. 다른 나라에 비해 일본은 노숙자가 거의 없었다, 하비야 공원 노숙자를 한사람 보았는데 책을 읽고 있었다. 일본에는 노숙자도 책을 읽는다.

지하철이나 JR 기차 타고 거의 걸어서 여행했다. 하루는 걷는데 빌딩에서 신사 한 분과 뒤따라 나오는 사람이 있었다, 스치는 사람이었는데 그분은 나에게 강한 메시지가 전해졌다. 바람이 불어도 흔들리지 않을 것 같은 느낌이랄까. 그 사람이 뇌리에서 지워지지 않는 것은 약한 바람에도 흔들리는 내 연약한 모습을 보았기 때문이다.

도쿄에 길은 넓은데 자동차가 별로 없었으며 공기도 맑았다. 길에 주차된 곳을 볼 수 없었다. 슈퍼에 가면 과일과 야채가 귀하고 도시락을 만들어 많이 팔고 있다. 음식이 발달한 미식의 도시답게 음식점이 많고 과자점도 많다, 과자도 음식도 예쁘게 만들어 판다. 호텔을 여러 번 옮겨 다니며 길을 걸으며 일본은 사람을 배려하는 나라라고 느꼈으며 그런 마음으로 물건을 만드니 무엇이든지 품질이 좋다는 것을 느꼈다. 상품에 믿음이 갔다. 다시 일본에 가면 더 많은 것을 배우고 오리라. 걸으면서 책을 읽듯이…….

카오산 로드

동유럽을 가기로 했는데 여행사에서 계획이 취소되었다고 연락이 왔다. 혹독한 겨울 추위 때문이다. 여행지를 바꾸어 배낭여행으로 태국을 거쳐 앙코르와트에 가기로 했다. 밤 비행기를 타고 방콕에 내려 짐을 찾아 출구를 나오니 마지막 버스가 떠나고 없다. 택시를 타려고 하니 우리나라와는 다르게 요금표를 끊어준다. 관광객을 보호하기 위한 것 같다.

카오산 로드는 왕궁의 대각선 방향 1km 정도에 있다. 40여 년 전 주민들이 외국 여행자들에게 방을 내주면서 시작되었단다. 배낭여행자들의 천국, 물가가 싸고 인근 국가와도 교통이 잘 소통되어 배낭여행의 시작과 끝이 공존하는 곳이다.

짐을 내려놓고 거리로 다시 나왔다. 다양한 곳으로부터 날아온 수많은 사람의 웅성거림 속에 섞여 나도 한 사람의 여행객이 되어, 남편의 손을 잡고 걸어본다. 길거리 음식도 다양하다. 숯불에 구운 메기 꼬치를 하나 손에 들었다. 잠시 나이를 잊었다. 아니 잊게 하는 거리다. 우아함과 체면 같은 것은 다 내려놓았다. 본래의 나로 돌아갔다. 음식을 손에 들고 아무 데서나 앉아서 먹어도 어색하지 않은 곳이다.

캄보디아 국경을 넘어 앙코르와트를 보고 며칠 만에 다시 카오산 로드에 왔다. 친정에 온 듯 마음이 푸근하다. 낯섦이 덜하다. 십여 년 전에 형님과 시어머님을 모시고 패키지여행을 온 적이 있다. 그때는 이런 여행자 거리가 있는 줄 몰랐다. 이번에는 가보지 않은 아유타야, 깐짜나부리, 경제도시 팟퐁을 보고 차이프랑아 강에서 한가하게 배를 타고 석양을 바라볼 생각이었다. 그래서 푸껫과 사무라이 섬은 다음 여행지로 남겨 놓았다.

해가 질 무렵이면 변신하는 거리. 태국에서 가장 매력적인 곳, 낭만과 자유의 상징이다. 거의가 유럽의 젊은이 들인데 산더미같이 큰 배낭을 메고 샌들을 신고 상의는 거의 노출에다 치마도 바지도 아닌 현지 옷을 입었지만 밉지 않다. 어울리는 것 같다. 영혼이 자유로우니 옷차림도 자유롭다.

축제의 거리다, 걷고 또 걸었다, 소파가 쫙 펼쳐지면 발 마사지 가게가 생기고, 먹거리 좌판도 각양각색이다. 그중에는 독이 있다는 전갈, 메뚜기, 굼뱅이, 거미 등 곤충을 파는 사

람도 있다. 길까지 노천카페로 변해 밤새도록 쿵작거리고 젊은이들이 맥주 마시고 춤추고, 중년들도 근처만 오면 어깨가 들썩이는 곳이다.

낮에는 박물관을 보고 오다가 길 방향을 잃어 다른 쪽으로 걸었다. 막다른 좁은 골목에 킥복싱하는 곳이 있었다. 발길을 멈추었다. 젊은이들이 줄을 길게 서서 차례를 기다리고 있다. 여행 일정에 넣어 배우고, 즐기고, 자격증도 따간다고 한다. 모두 진지하게 열심히 한다. 길을 잃어야 진짜 여행이라더니 킥복싱하는 곳이 좁은 골목 안에 있을 줄이야. 걸으면 무엇이든지 보인다. 배낭여행을 하면서 내가 터득한 것이다. 이 골목도 여행자 거리인데 가게도 많고 사람들이 붐볐다.

카오산 로드에서는 6개월 이상 장기 여행을 하는 사람도 쉽게 만날 수 있다. 힘든 인생길 쉬어가는 사람들이리라. 숙소가 있는 다음 골목 라이브 카페 맞은편, 길거리 노천 식당에 저녁을 먹기 위해 자리를 잡았다. 해산물이 싱싱해 요리가 맛있었다. 대부분 보는 즉석에서 철판에 볶아주니 위생 걱정은 하지 않아도 된다.

젊은 날 추억을 찾아왔다는 나이가 지긋한 그 부부도 오늘도 라이브 카페 중앙에 자리 잡고 있었다. 우리 옆에 앉아 있는 분은 혼자 맥주 한 병을 시켜 놓고 상념에 젖어있다, 자신을 발견하고 내 안으로의 여행을 떠나고 있는 듯하다. 나는 덤으로 노래하는 것을 바라보며 요리를 먹으니 호사다. 돌아오는 길에 발 마사지를 받았다. 여왕 대접이었다. 정성스럽게 잘 해줘 1불의 수고비를 따로 주니 얼마나 환한 얼굴로 좋아하는지, 내가 더 기뻐서 온종일 걸은 피로가 다 날아가는 것 같다. 피쉬(fish) 맛사지도 있다. 유리 어항에다 작은 물고기를 많이 넣어 놓고 걸터앉아 발을 담그고 있으면 고기들이 콕콕 쪼아댄다. 팔과 얼굴에 페인팅도 하고 길에 앉아 레게머리를 따는 사람도 있다, 머리를 맡긴 얼굴이 천진스럽다. 젊음이 부럽다.

아들과 함께 오스트레일리아에서 왔다는 중년의 남자는 우리나라 돈 만 원이 몇 달러이냐고 묻더니 길에서 만 원권과 천 원 지폐를 보여 달라고 한다. 아들에게 돈에 대한 가치를 심어주려고 하는 것이다. 길을 걷다가 우리나라 젊은이들도 가끔 만난다. 둘이서 왔느냐고 물어보면 그렇다고 하면 놀란 표정으로 "대단하다 좋아 보인다"고 하기도하고, 멋있는 사람이라고도 한다. 나이든 사람에 대한 예우인 것 같다.

오늘은 카오산 로드에서 가까운 시장에 갔다, 여행 중 시장 가는 것을 난 즐거워했다. 맛있어 보이는 것을 사 먹는 것도 재미있지만, 물가도 알고 활기가 넘치고, 신기한 것도 많이 볼 수 있고, 현지 사람들의 수준과 생활이 보인다. 밤에만 열리는 시장이 있는가 하면 이곳은 아침에만 열리는 새벽시장이다. 맨발로 탁발하는 스님들이 이색적이다. 시주를 많이 받았다. 부처님께 공양하고 갈 곳 없는 사람들에게 나누어 준다고 한다.

풍성한 남국의 낯선 과일이 제일 눈에 들어온다. 우리나라에서는 백화점에서나 볼 수 있는 용과와 망고 두리안을 양손에 잔뜩 사 들고, 쫀드기 밥을 찾았다. 그것은 찐 흰 찰밥이다. 한 아주머니가 좌판 위에 가지고 있던 것을 다 샀다. 구운 돼지고기와 닭고기도 샀다. 우리가 건넨 돈은 많지 않지만, 아주머니의 얼굴은 밝고 행복해 보였다.

아침과 점심을 이것으로 먹기로 했다. 찰밥을 파는 곳은 많지 않다. 이곳에 배낭여행을 해본 남편이 대통 밥(대나무 통에 찹쌀을 넣어 찐 밥)과 이것을 먹어 본 것이다. 식성이 좋은 남편은 먹는 것이 아무런 문제가 없지만 난 간혹 향내가 나서 안 먹으면 남편은 마누라 한 사람 데리고 다니는 것이 어린애 하나 데리고 다니는 것과 똑같다고 한다. 그런데 그 말이 잔소리로 들리지 않았다. 나는 웃었다. 보호받고 있다는 행복한 웃음이다.

오늘은 여행의 마지막 밤이다. 내일이면 설이라 신 앞에 차려진 음식이 풍성하다. 청소년들이 탈을 쓰고 춤을 추니 상점 주인들이 즐거운 마음으로 돈을 쥐여준다. 일 년 동안 번영과 행운을 빌어주는 의식이다.

기념품 가게에 들러 펠리칸 가족 세 마리를 사고 동인 선생님이 종을 수집한다기에 좀 색다른 것을 찾아다니다가. 다행히 가게 높이 달린 하나밖에 없는 종을 발견하였다. 작년에 여행 갈 때는 맘도 쉬고 다리도 쉬고 싶을 때 읽으라면서 책을 사주시지 않으셨던가! 너무 감사했다.

누워 쉬다가 새벽에 다시 거리로 나갔다. 마지막 새벽 거리를 보고 싶었다. 남편은 곤하게 자다가 혼자 나가면 마음이 놓이지 않는지 따라 나온다. 아까와는 다른 느낌이다. 약간은 조용해진 거리에 밤의 여인들이 둘 셋씩 모여 파트너를 찾고 있다. 만나서 어디론가 가는 사람도 있다. 이튿날 거리는 여전히 떠나고 오는 사람들로 분주하다.

Super Star
Super Star

GUESTHOUSE

발문

그 포장마차가 뿌리였다

수필가 오기환

정정연 수필가와 나는 십 년이 넘는 글 벗이다. 코로나19 시대에도 거리 두기를 하면서 수필을 써서 합평회를 했던 막역한 친구다. 수필집을 낸다는 소식을 듣고 뛸 듯이 기뻤다. 이에 두서없이 발문을 적는다.

나는 정정연 수필가의 글을 좋아한다. 그의 글을 좋아하니 애독자이기도 하다. 그는 부군과 함께 아프리카로 남미로, 중국으로… 배낭을 메고 험하고 길고 거친 길을 떠난다. 여행 애호가다. 두 사람 중의 한 사람은 자동차를 가지고 있지만, 그의 집에는 흔한 자동차가 없다. 그렇지만 남들이 쉽게 할 수 없는 소외된 땅을 골라서 길을 떠나기를 되풀이하는 여행가다. '길에 버린 돈'으로 차를 샀으면 여러 대를 샀을 것 같다. 황량한 벌판, 나무도 자랄 수 없는 버려진 땅에 사람들이 옹기종기 붙어사는 땅을 다니면서 '사람이 풍경이다'라는 생각이 떠올랐다. 여행의 주제가 되었다. 돌아올 때면 내가 모으는 종을 구해왔다. 나는 어림짐작으로 그 도시를 상상하며 종을 흔들면서 상상 여행을 한다. 종소리에는 그가 다녔던 도시와 열사의 사막과 황량한 길을 걷는 원주민이 풍경이 묻어있다.

그의 수필 중 〈액자 속의 포장마차〉를 가장 좋아한다. 대표작을 뽑으라면 선뜻 이 작품을 추천할 만큼. 이 수필을 쓰기 위해서 십수 년의 세월을 보내야 했다. 그는 속내를 내비치지 않았다. 어찌 살아왔기에, 살고 있기에, 살아가고 싶기에 침묵하고 있는지 알 수가 없었다. 매미가 알에서 부화하여 삼 년에서 십여 년을 땅속에서 애벌레로 살다가 세상으로 나오듯, 그도 그렇다면 아직도 수년을 더 기다려야 했다. 그런데 어느 날 고대하던 수필이 '성충이 되어 바깥세상'으로 나왔다. 기뻤다.

늦깎이 대학생과 결혼하여 밤에는 포장마차를 운영했고, 어린 세 딸과 시동생, 시누이와 함께 살았다. 세월이 흘러 "시누이가 졸업하던 날 나에게 사각모자와 졸업가운을 입혀주었다. 나도 대학 졸업생이 되었다." "겨울날 눈 위에서 밤늦게까지 서서 일해도 을지로 입구에서 금호동까지 손수레를 밀면서 따라가도 고생스럽다고 생각하지 않고 즐거운 마음으로 했다. 지금 생각하면 그것이 사랑의 힘인 것 같다"라고 회상한다. 동네 사람들은 '남편에 시동생, 시누이까지 대학 공부시킨 착한 여인'이라면서 콩나물을 살 때도 덤을 주었단다.

슬하에 딸 셋을 두었다. 살기가 힘들었으니 과외 한 번 시켜봤을까 싶다. 대학을 나와도 취직 못 하는 세상인데 취직도 쉽게 하고, 게다가 열쇠 세 개를 준비해야 한다는 신랑감도 만나 잘살고 있다. 막내딸은 부모 도움 없이 캐나다에 가서 학위도 받고 건실한 사람 만나 잘살고 있다. 이 모든 것이 두 부부의 반듯한 성품과 성실함 때문이다.

이런 일들이 수필가에게는 소재가 되었다. 평소 사물에 대하여, 타인에 관하여 관심이 있어야 사물이, 타인이, 남다르게 보인다. 평범한 사물 속에서 주제를 발견하게 되고, 사소한 일들을 남다르게 보고 거기서 주제를 발견하는 능력이 탁월하다. 그래서 평범한 일상이 소재가 되고 주제가 된다.

그래서 그의 글은 내가 겪은 듯 나의 아픈 상처인 듯 가깝게 다가와 잔잔한 감동이 오래간다. 사람들은 정정연 수필가의 글이 참 좋다고 한다. 나도 그렇다. 수필집 발간을 축하한다.

사람이 풍경이다

초판 1쇄 인쇄 | 2025년 12월 10일
지은이 | 정정연
펴낸이 | 이재욱(필명:이승훈)
펴낸곳 | 해드림출판사
주 소 | 서울 영등포구 경인로82길 3-4(문래동1가 39)
센터플러스빌딩 1004호(07371)
전 화 | 02-2612-5552
팩 스 | 02-2688-5568
E-mail | jlee5059@hanmail.net

등록번호 제2013-000076
등록일자 2008년 9월 29일

ISBN 979-11-5634-662-3